5G时代新媒体新运营丛书

U0890279

爆款视频直播运营攻略

主播IP打造+运营+吸粉+变现

刘易◎著

SPM
南方出版传媒
广东经济出版社
·广州·

图书在版编目（CIP）数据

爆款视频直播运营攻略：主播IP打造+运营+吸粉+变现 / 刘易著. —广州：广东经济出版社，2021. 4
（5G时代新媒体新运营丛书）
ISBN 978-7-5454-7336-0

Ⅰ. ①爆… Ⅱ. ①刘… Ⅲ. ①网络营销 Ⅳ. ①F713. 365. 2

中国版本图书馆CIP数据核字（2020）第150912号

责任编辑：郑秋瑛　甘雪峰
责任技编：陆俊帆
责任校对：李玉娴

爆款视频直播运营攻略：主播IP打造+运营+吸粉+变现
BAOKUAN SHIPIN ZHIBO YUNYING GONGLUE：ZHUBO IP DAZAO+YUNYING+XIFEN+BIANXIAN

出版人	李　鹏
出　版 发　行	广东经济出版社（广州市环市东路水荫路11号11～12楼）
经　销	全国新华书店
印　刷	广东鹏腾宇文化创新有限公司 （珠海市高新区唐家湾镇科技九路88号10栋）
开　本	730毫米×1020毫米　1/16
印　张	13. 25
字　数	180千字
版　次	2021年4月第1版
印　次	2021年4月第1次
书　号	ISBN 978-7-5454-7336-0
定　价	58. 00元

图书营销中心地址：广州市环市东路水荫路11号11楼
电话：（020）87393830　邮政编码：510075
如发现印装质量问题，影响阅读，请与本社联系
广东经济出版社常年法律顾问：胡志海律师

前言

移动互联网的发展、智能手机的不断升级，为网络直播平台提供了无限可能，直播从以前的以年轻人为主的单一娱乐平台，逐渐发展成现在老少皆宜的娱乐和带货平台。尤其是伴随着电商类直播的快速崛起，直播已经逐渐渗透到普通人的生活中。因为直播能够带来不菲的收益，所以吸引不少人加入这个行业。

虽然直播的门槛越来越低，很多平台只要用身份证注册就可以快速开通直播间，但是，随着直播平台的进一步规范，主播人数的快速增加，想在直播领域崭露头角变得越来越难。直播的主角是主播，主播 IP（知识产权）的打造会对直播的变现产生直接影响。因此，在直播中要注重对主播的定位和规划，帮助其完善形象、提高能力等。另外，内容是直播营销的核心，粉丝是直播的基础，盈利是直播的最终目的，要想在直播平台上获得高收益，离不开对主播 IP、直播内容、粉丝、流量和运营等问题的研究和探索。因此，即将进入直播行业的新手，或者已经进入直播行业的从业者，都需要不断学习、不断努力，这样才能真正地成为行家里手。

本书主要介绍了视频直播运营的基本内容和方法，详细介绍了主播 IP 打造、视频直播内容打造、吸引和维护粉丝、商业运营和盈利等内容，既有基础知识的介绍，也有实用技巧的讲授，并结合大量的实例进行分析，具有很强的实用性。

全书共分为八章：

第一章主要介绍视频直播的新趋势，大数据为视频直播带来哪些商机，并对三大类主流视频直播平台进行具体的分析，使读者对视频直播有一个基本的了解。

第二章详细讲解在进行视频直播之前的筹备工作有哪些，并介绍如何挑选直播设备、如何布置直播间、如何调整视频直播画面，以及如何在直播平台注册帐号等。

第三章主要介绍主播 IP 打造，包括什么样的主播容易成为超级 IP，打造超级 IP 的关键点、具体方法和技巧等。

第四章主要介绍视频直播的内容输出，包括如何打造独树一帜，有内涵、有深度的直播内容，以及寻找创意、书写标题、积累素材、提高趣味性等的方法和技巧。

第五章主要介绍如何吸引和维护粉丝，包括提高直播的流量和订阅量的方法，如何通过微信、微博、论坛等平台吸引更多的粉丝，并介绍一些维护粉丝的实用技巧。

第六章主要介绍商业运营的方法，包括在直播中如何进行品牌的营销、直播产品的选择、直播爆款的打造，以及商业运营中的诸多实用技巧等。

第七章主要介绍盈利的方法，总结了直播的主要盈利模式、具体的成交技巧等。

第八章主要介绍直播风险管控，包括如何强化直播内容监管、如何引导行业自律、主播如何在规避风险的同时为营造良好的直播环境贡献力量等。

本书内容丰富、知识全面、结构清晰、语言通俗易懂，几乎涵盖视频直播运营的所有关键知识，不仅适合刚进入直播行业的新手使用，也能为有一定经验的直播从业者、平台运营人员、网络营销从业者提高职业技能及盈利能力提供参考。

由于视频直播运营本身的变化非常大，并且牵涉的相关知识非常多，尽管编者竭尽全力，尽量减少书中的错漏，但难免百密一疏，敬请专家和广大读者朋友批评指正，并多提出宝贵意见。

最后，要在此对于富荣、于福莲、曹烈英老师表示感谢，在他们的努力下，本书才得以尽快完成。另外，本书在写作过程中还参考了大量书籍和论文，吸收了其他人的成果和观点，限于本书的体裁，不能一一注明出处，诚对各位作者的劳动表示感谢与敬意。

编者

2020 年 5 月

目录

第一章

视频直播新趋势

一、视频直播为什么这么火

视频直播作为一种实时性、互动性比较强的互联网传播内容的形式，在中国的发展犹如龙卷风一般，掀起了一阵狂潮。视频直播火起来了，视频直播营销已然成为互联网营销的新标配。那么，视频直播为什么会这么火呢？下面我们从几个方面进行分析。

1. 本身优势

视频直播融合了图像、文字、声音等丰富元素，效果极佳，逐渐成为互联网的主流传播方式。

（1）互动性强。

视频直播的主要特征就是互动性强，在这个开放的平台中，观众可以评论，可以发弹幕，可以给主播送礼物，甚至可以和主播一起做游戏，这种参与感是其他平台所不能给予的。例如，在游戏直播平台上，主播可以通过玩游戏和解说游戏，获得观众的赞美和认同，而观众可以通过视频直播平台和主播组队，学习玩游戏的技巧等。

（2）真实性高。

从信息传播的角度来看，文字可以捏造，图片可以编辑处理，视频也能够剪辑制作，而视频直播则是真实的场景，通过实时互连，观众可以获得最真实、最直接的体验。

（3）成本低廉。

电视现场直播在报道事件全过程时，一般需要配备转播车，车内要配置视频切换台、调音台、监视器、录像机、微波发射机等设备，将现场摄制的图像信号经微波发送或经卫星转发至电视台同步播出，需要很高的成本。而视频直播只需要一台摄像机即可做到高清采集，传输过程也是在网络上进行，成本非常低。

（4）方便快捷。

随着技术突飞猛进的发展，无线网络可以传输高质量、大容量的视频信号，观众只要处于网络覆盖区域，就能够非常方便地收看视频直播。

2. 移动互联网的发展

视频直播火起来的一个很重要的原因就是移动互联网的发展，包括网络带宽的提高、流量成本的降低、智能移动设备的普及等。

传统的移动互联网技术无法支撑视频直播的兴起和发展，使得视频直播的门类在发展过程中受到很大限制，仅限于新闻、体育等专业性较强的领域。而移动互联网的发展使得移动传输信号加速升级，从原来的3G提升为4G甚至5G，为视频直播带来了更多的便利。

2019年8月30日，中国互联网络信息中心（CNNIC）发布的第44次《中国互联网络发展状况统计报告》显示，截至2019年6月，我国网民规模达8.54亿人，较2018年底增长2598万人，互联网普及率达61.2%，较2018年底提升1.6个百分点。其中，手机网民规模达8.47亿人，较2018年底增长2984万人，网民中使用手机上网的比例达到99.1%，也就是说，随着智能手机的发展、无限流量和超大流量套餐的普及，使用手机上网更加方便快捷，很多用户已经慢慢地脱离了电脑，这为视频直播的发展提供了便利的技术条件，网民随时随地可以看直播、刷抖音。

截至2019年6月，我国网络直播用户规模已经达到4.33亿人，较2018年底增长3646万人，占网民总体的50.7%。在各类网络直播使用率中，游戏直播、体育直播和真人秀直播所占比重较大，分别为28.4%、22.7%和24.0%，演唱会直播所占比重较小，为13.6%。

3. 资本助力

随着互联网和相关技术的发展，视频直播已经成为泛娱乐领域较大的风口，视频直播领域的竞争也随之升温。很多人将2016年看作视频直播元年，其中最大的原因在于，这一年里有很多互联网巨头杀入视频直播领域，持续加大投资力度。

4. 用户消费需求升级

最初，广大消费者都是从实体店购买商品，随着网络的发展，不少消费者已经习惯从网上购物。但是，相关商品的展示常常是通过图片、文字或者是小视频的方式来进行的，虽然可以轻松地呈现商品的外观、色泽等，但不能很好地对性能、操作等进行说明。而且，由于图像处理软件 Photoshop 和视频制作、剪辑软件会声会影的广泛应用，这些商品往往会被过度美化，给广大消费者带来一定的误导，最终让消费者获得不好的体验。

消费者希望通过更多的手段来对网络上那些看不见、摸不着的商品有一个全方位、多维度的了解，而视频直播可以很好地满足这一需求。相比于文字和录播视频，视频直播内容更加丰富，交互性更强，效率更高，更具真实感、实时性，很多网络卖家可以在自己的卖场直接进行视频直播，让消费者感觉就像进店消费一样。消费者可以挑选喜欢的商品，让主播详细介绍，甚至让主播试穿、试用，从而更加详细地了解商品。

5. 虚拟现实技术的发展

虚拟现实技术（VR）的出现使视频直播变得更加真实、生动，为用户创造了更加精彩的视听体验。VR 直播其实就是 VR 与视频直播相结合，即采用 360 度全景拍摄设备捕捉超清晰、多角度的画面，用户可以任意选择上下左右的角度，从视觉、听觉、触觉等方面体验逼真的沉浸感。例如，2019 年 6 月15 日，扬州移动公司第二届龙舟赛在扬州深潜大运河中心开赛，此次赛事融合了 5G “黑科技”，扬州移动公司提前部署，在比赛区域搭建 5G 体验网络，通过架设 VR 全景相机，360 度拍摄比赛全景，让现场的观众亲身体验了 “5G + VR 直播”、5G 网络等全新技术。

二、视频直播的历史发展和现状

2019 年，视频直播的用户规模继续扩大，可以说是家喻户晓。其实，早在 2005 年，视频直播便开始发展，至今已经历了 10 多年。下面先介绍一下我国直播行业的发展历程。

1. 直播古已有之

如果站在历史的角度看，直播行业一直都存在。在国内，古代就有在街头耍宝卖艺的，围观的群众会叫好，打赏钱财；还有一些戏园和茶园，里面唱戏的艺人也常常收到客人送的花和礼物。在国外，同样也有类似的行业和行为，街头的流浪歌手通过展现自己的才华获得观众打赏。这些其实都可以视为直播，只是形式不同而已。

2. 语音直播

2003 年，语音直播发展了起来。当时有很多火热的大型网络游戏，都是需要团队相互配合的，例如反恐精英（CS）、红警、热血传奇、大话西游、魔兽世界等，如果在玩游戏的时候进行打字沟通，就肯定会影响到游戏操作，而且会非常不方便，所以，当时大部分游戏玩家偏爱使用语音软件“开黑”。2003—2008 年出现的语音平台有聊聊、久聊、爱聊、新浪 UT、盛大 ET、YY、QT 等，语音平台的出现让游戏更加具有社交性。但单纯地“开黑”打游戏已无法满足玩家的需求，因此催生了很多新玩法，例如，YY 的 K 歌模式做得非常成功，现在其已经发展成为视频直播，打造了一批又一批网红主播。

3. 秀场直播

秀场直播是 2005 年国内出现的直播形式，主要内容是各路美女表演唱歌、跳舞等才艺。2005 年，9158 进军线上演艺市场，成为国内最早的秀场直播平台。9158 模式是一种网络在线秀场模式，由于十分新颖，运营得当，当时的 9158 受到新浪的追捧，新浪将新浪 SHOW 并入 9158，共同打造天鸽集团，并于 2014 年在香港上市。

后来呱呱、YY、六间房也涉足这个领域，成为国内第二批视频直播平台。YY 涉足视频直播的时间并不早，直到 2011 年，YY 才在 20 频道测试上线该业务，并凭借其在语音直播界雄厚的资历迅速成长起来，成为 9158、六间房的劲敌。2012 年，YY 在纳斯达克上市。

YY 和天鸽互动（9158 的母公司）分别上市后，国内掀起了秀场直播的热潮，优酷的来疯、网易的 BoBo、酷狗的酷狗繁星、爱奇艺的奇秀等纷纷携资入驻。

4. 游戏直播

2011 年，《英雄联盟》大火，游戏玩家希望看到其他玩家的直播，因此直接推动了游戏直播的发展。2012 年 YY 率先研发了电竞直播功能，游戏直播开始迅猛发展。2014 年，游戏直播平台如斗鱼 TV、虎牙直播等逐渐进入人们的视野，吸引了大量游戏玩家，推动了游戏直播市场的进一步繁荣。

5. 全民直播

从 2015 年开始，随着智能手机的普及、4G 的全面推广，各类视频直播 App 纷纷出现，观看视频直播成为很多年轻人在互联网上新潮的娱乐之一，于是刮起了全民娱乐的飓风。各种资本的加入让这个行业成为风口，也让 2016 年成为视频直播元年。随着这几年视频直播行业的快速发展，“直播”二字逐渐渗入广大网民的意识，其领域也逐渐涵盖游戏、娱乐、综艺、音乐、教育等各行各业，全民直播时代已到来。

三、大数据给视频直播带来了哪些商机

随着移动互联网的发展，网络信息呈现出爆炸式的增长趋势，大数据时代悄然来临。随着大数据的发展，很多企业开始进行大数据营销。那么，大数据又给视频直播带来了哪些商机呢？

研究发现，大数据时代呈现出数据化、社群化、中心化等特点。大数据的核心是对数据进行挖掘和应用，可以使用大数据对用户的行为和特征进行分析，也就是说，可以将一系列用户数据做成一些用户模型，然后对这些用户模型进行分析，找出其中共同的典型特征，将其细化分成不同的类型，从而分析市场走向，对直播的产品及营销活动进行引导。大数据可以让主播在进行视频直播的时候按照目标人群的喜好来对视频直播进行设计，以更加精准地满足用户的需求。

一些视频直播平台的数据显示，前期，80% 的视频直播观众年龄在 26 岁以下，以单身男性为主。2019 年之后，随着视频直播的发展和普及，女性比例逐渐提高，而且，大数据显示，不同年龄和性别的用户呈现出差异明显的

内容倾向和观看目的。从性别角度看，女性观看视频直播有明确的追星和学习技巧的意愿，喜欢观看一些关于穿搭、美妆和美食制作的视频直播；而男性更加喜欢户外、游戏和美女才艺展示类的视频直播。从年龄角度看，24 岁以下的年轻用户偏爱追星和互动，“80 后”用户通过看视频直播解压的需求强烈，36 岁以上的用户休闲消遣的意愿更加突出。

在付费打赏方面，年轻用户的打赏意愿比较高，更倾向于炫耀性付费，追求房管和打赏榜单的排名，对于主播讨要礼物的行为也总是乐于满足。而年龄超过 40 岁的用户对于付费打赏则相对保守，他们更倾向于免费打赏，即便打赏也是以 100 元以下的小额打赏为主。

在视频直播购物方面，女性用户对于主播在进行视频直播时插入的广告、电商卖家秀和产品发布会等更加敏感，更容易接受与视频直播内容相结合的广告。

四、三大类主流视频直播平台的特色和用户分析

随着短视频和视频直播的兴起，各种各样的视频直播平台如雨后春笋一样冒了出来。接下来就针对几个典型的视频直播平台的特色和用户进行分析，希望能对大家有所帮助。

1. 游戏直播

游戏直播主要以游戏及电竞比赛为主，主播需要实时展示且解说自己或他人的游戏或比赛过程。主要盈利来源是道具和打赏收入，付费业务多样化。2019 年游戏直播行业进入成熟期，平台间的竞争与一些平台的离场给市场带来了新活力。国内游戏直播用户目前主要集中在斗鱼、虎牙、战旗、火猫、快手等平台。头部短视频平台均开拓了直播业务，其中快手甚至独立设置了游戏直播平台，表明短视频平台正在积极探索游戏直播市场。

艾瑞调研数据显示，2018 年，中国游戏直播市场规模增长超过 60%，达到 131.9 亿元，预计 2020 年增长至接近 250 亿元，行业正处于商业化的进程中。接近 70% 的用户通过关注主播、评论等方式与之互动。但是，仅有 17% 的用户有付费、打赏行为，其中 86.8% 的用户曾经通过赠送道具打赏主播。

斗鱼是一家致力于为所有人带来欢乐的弹幕式直播分享网站，斗鱼直播间如图 1－1 所示。目前，斗鱼以游戏直播为主，涵盖体育、综艺、娱乐等多种直播内容。每天都有成千上万的观众与主播在斗鱼分享欢笑，获得属于自己的快乐。根据有关调查，斗鱼用户基本以 19～24 岁的男性为主，单身的居多。而且，斗鱼用户还喜欢听音乐、购物、交友、观看短视频。

图 1－1　斗鱼直播间

2. 泛娱乐直播

泛娱乐直播是指在预定的时间，主播在品牌或个人的直播间展示才艺，与粉丝互动。与游戏、购物等直播相比，泛娱乐直播覆盖的用户更广，粉丝基数更大。艾瑞调研数据显示，2018 年 4 月各类别娱乐 App 月度总有效时长达到 738.6 亿小时，年复合增长率为 30.6%，用户娱乐时长增加。其中，视频服务占比上升幅度最大，为 6.1%。平台的盈利方式是增值服务（虚拟道具购买）、广告、周边商品销售。2018 年 1 月，泛娱乐直播平台用户中 35 岁以下人群占比为 85.6%，移动端男女用户占比差别不大，呈现女性用户占比提高的趋势，消费水平处于中上游。

花椒致力于以强硬的技术实力和优质的内容，打造一个具有强明星属性的泛娱乐直播平台，吸引了大量优质用户。而且，花椒推出上百档自制直播节目，涵盖文化、娱乐、体育、旅游、音乐、健身、综艺节目、情景剧等多个领域，丰富并且进一步优化了内容。不论是脱口秀、乐队表演，还是名人主持，用户都能在花椒直播间见到。花椒直播间如图 1－2 所示。

图 1－2　花椒直播间

3. 电商直播

电商直播的原型是电视购物，主要是主播在直播平台上和粉丝互动，将商品的功能和价值直观地展现给用户，例如展示一些产品的生产过程和使用场景，以达到出售商品的目的。电商直播一般是与商家深度合作，通过用户边看边买的方式，实现销售转化。电商直播与传统电商相比，能够进一步拉近商品与用户之间的关系，使用户可以更直观地了解商品。而且，在电商直播过程中，主播还可以通过各种福利营销手段吸引用户消费，增加商品的成交量。主要的电商直播平台有淘宝直播、京东直播、唯品会、多多直播等。平台的用户以女性居多，以大学生、白领为主，消费水平处于中上游。

2019 年，中国电商直播行业的总规模达到 4338 亿元。艾媒咨询的分析师认为，随着互联网技术的发展，以直播为代表的关键意见领袖（KOL）带货模式给消费者带来了更直观、更生动的购物体验，转化率高，营销效果好，逐渐成为电商平台、内容平台的新增长动力。淘宝直播是阿里巴巴推出的直播平台，定位为消费类直播，用户可边看边买，涵盖的范围包括母婴、美妆、潮流搭配、美食、运动健身等。2019 年被称为“电商直播元年”，有关数据显示，天猫“双 11”开场仅 1 小时 3 分钟，淘宝直播引导的成交量就超过 2018 年天猫“双 11”全天的成交量；到 8 小时 55 分时，引导的成交量突破 100 亿元。淘宝直播间如图 1－3所示。

图 1－3　淘宝直播间

五、视频直播的热门领域有哪些

在视频直播平台，要想拥有自己的账号特色，首先要确定好账号所属领域，再进行核心领域的垂直内容输出。如果今天发美食明天发旅游，不仅吸粉效果不佳，还容易导致粉丝流失。在对各大视频直播平台进行深入了解之后，我们发现视频直播的热门领域主要有以下这些。

1. 生活类

生活类视频直播就是主播对自己的日常生活进行直播，内容可以是逛街、美食、美妆、穿搭等。例如，有一位韩国帅哥在某视频直播平台上每天直播 6 小时，直播的画面就是帅哥在看书、做笔记，他一句话都不说，也不看手机上的弹幕，却圈粉 33 万人。由此可见，生活类视频直播是很受欢迎的。

2. 才艺展示类

在视频直播中进行才艺展示，是目前很多主播的直播必备内容之一。唱歌、跳舞、演奏乐器、做手工、画画等都是大家喜欢的直播形式。目前，不少热门主播就是以能歌善舞崭露头角的，粉丝量都在 10 万人以上。另外，还有一些主播具备很多人不会的技能，例如口技、杂技、魔术等，秀出自己的独特才艺，可以打造与众不同的视频直播内容，从而吸引更多粉丝的关注。

3. 知识分享类

近年来，线上教育发展很快，视频直播课程有更强的仪式感，可以实时互动，更有上课的感觉。同时，视频直播课程预约上课的紧迫感，更能刺激用户进行观看。视频直播的互动性，一定程度上解决了在线课程课堂氛围不佳的问题，提高了上课的效率。知识分享类的视频直播主要有办公软件教学、英语、数学、作文、亲子关系、创业等方面的内容。

4. 电商卖货类

电商直播是垂直领域直播中渗透率最高的。视频直播可以给消费者带来图文介绍及录播视频很难提供的临场感，刺激消费者缩短决策时间，通过主播所营造的氛围，刺激消费者产生消费冲动。调查显示，41.25% 的受访者表示曾经看过电商直播。在看过电商直播的人群中，超过六成的受访者会选择浏览主播推荐的商品，并有近两成的受访者购买过主播推荐的商品。

5. 线上娱乐类

娱乐消遣是很多用户观看视频直播的核心动机，在视频直播平台上，搞笑、讲段子等娱乐类视频直播非常受用户的欢迎。例如，2020 年 4 月 7 日，以幽默搞笑内容为特色的快手主播小沈龙在直播间内单日礼物的收入超过 167.9 万元，位居快手礼物收入榜首。

6. 大健康领域类

2020 年春节，一场突如其来的新冠肺炎疫情，在某种程度上改变了人们对疾病与健康的看法，人们对大健康产品与服务的需求也伴随忧患意识的增强而暴增。抵御疾病的关键在于预防，而预防的关键在于自我保健。在疫情过后，卫生防护、医疗保健等服务将成为健康人的刚需，这就为视频直播提供了机遇，未来几年人们会更加关注大健康领域类视频直播。

第二章

视频直播的筹备

一、直播前，如何挖掘目标用户的潜在需求

凡事预则立，不预则废。在进入一个行业之前，要做好充分的市场调研，研究分析自己的目标用户，考虑目标用户想要的是什么，挖掘目标用户的潜在需求。

1. 站在用户的角度进行思考

要想了解用户的需求，最好的方式就是把自己变成用户，从用户的角度思考问题、想象自己想要什么样的产品、为了满足哪方面的需求、自己在意的点在哪里、对产品的功能有什么样的期望等。

2. 问卷调查

问卷调查是收集资料的一种常用方式，通过设计一些与调查目标相关的问题，向被调查者了解情况或征询意见。根据载体的不同，问卷调查可分为纸质问卷调查和网络问卷调查。纸质问卷调查就是传统的问卷调查，这种形式的问卷分析与统计结果比较麻烦，成本比较高。网络问卷调查依靠网络发放问卷及分析结果，这种形式的问卷调查无地域限制，成本相对低廉。

3. 深度访谈

这种方法一般是找到用户，通过送礼品的方式，让用户接受访谈。注意，在沟通过程中，要营造出一种轻松愉快的氛围，让用户自由地表达自己的观点和看法，这样才能全面了解用户的需求以及他们对产品的期望。

4. 体验产品

可以邀请用户进行产品体验，让用户对产品进行评价和建议，以便及时改进，更好地满足用户的需求。如果是虚拟产品，如才艺类的视频直播，可以先试播一下，让自己的亲朋好友提提意见，看看哪些方面应该改进，以更好地满足用户的需求。

5. 关注用户谈论的话题

在网络时代，很多用户喜欢在网络上发布自己关注的内容。例如，在微博、微信朋友圈、悟空问答、百度知道等平台，都可以查看到用户关心的话题和他们的需求。可以将最近频繁出现的问题收集起来，做一个问题列表进行研究分析。

6. 使用大数据

我们可以通过对关键字的订阅、搜索来了解用户的需求。例如，使用百度指数进行搜索。百度指数是以百度海量网民行为数据为基础的数据分享平台，是当前互联网乃至整个数据时代重要的统计分析平台之一，自发布之日起便成为众多企业制定营销决策的重要依据。使用百度指数可以进行关键词搜索热度分析，深度挖掘舆情信息、市场需求、用户特征等多方面的数据。其具体使用方法如下：

（1）登录百度指数首页，在搜索框内输入一个关键词，例如，输入“直播”，点击“开始探索”按钮，即可显示关键词的搜索趋势。通过搜索指数的高低可以判断该关键词最近一段时间被关注的热度，如图 2－1 所示。

图 2－1 趋势研究

（2）点击“需求图谱”按钮，可以看到关键词与相关词的相关程度，以及相关词自身的搜索需求大小结果，了解网民对信息的聚焦点和产品服务的痛点。相关词和圆心的距离表示相关性强度；相关词自身的大小表示其搜索指数高低，红色代表搜索指数上升，绿色代表搜索指数下降。另外，我们还可以看到“龙珠直播”“全民直播”这类词语的搜索变化率在迅速上升，如图 2－2 所示。

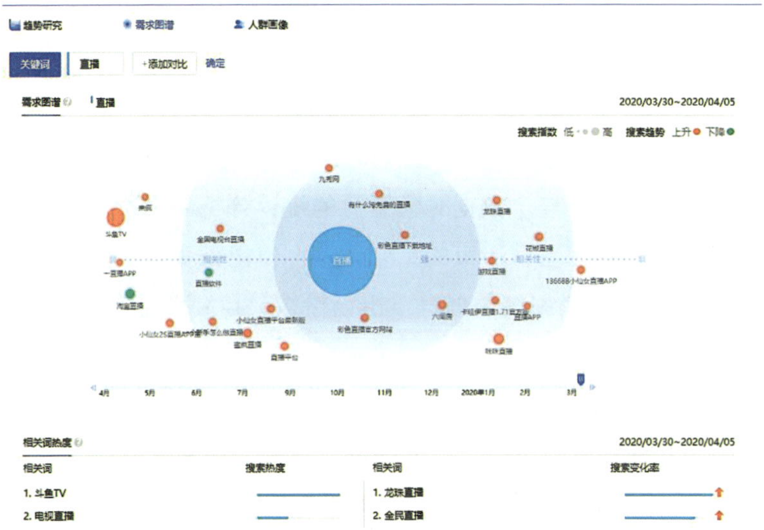

图 2－2　需求图谱

（3）点击“人群画像”按钮，可以根据用户搜索的数据，采用数据挖掘方法，对关键词的人群属性进行聚类分析，给出年龄分布、性别比例等社会属性信息。其中地域分布可提供关键词访问人群在全国各省、市的分布，帮助搜索者了解关键词的地域分布，针对特定地域用户的偏好进行运营和推广。人群属性可提供关键词访问人群的年龄、性别分布情况。例如，可以看到搜索“直播”这个关键词的用户年龄大多数在 39 岁以下，其中 20～29 岁的用户占比最高，也就是以“90 后”和“00 后”为主力人群，整体呈现年轻化趋势。性别方面则显示男性的占比高于女性，如图 2－3 所示。

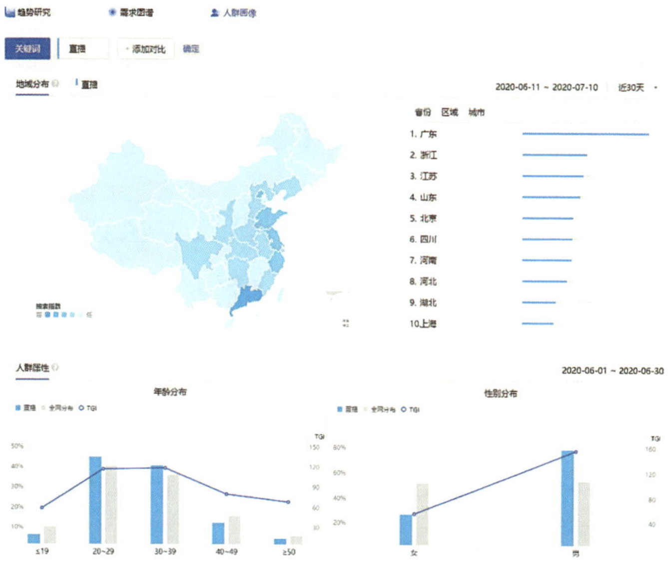

图 2－3　人群画像

二、如何挑选拍摄器材和视频直播设备

伴随着移动互联网的发展，手机的配置也越来越高，一般来说，使用自己的手机就可以轻松地实现视频直播。但是，“工欲善其事，必先利其器”，如果想把这件事情当成事业来做，还是需要挑选一些专业的拍摄器材和视频直播设备的。

1. 电脑

电脑已经进入千家万户了，现在的年轻人对其非常熟悉。电脑对于专业的主播而言是很有必要的，尤其是游戏主播，一台高配置的电脑可以为视频直播提供很多的便利。

电脑的配置一定要高一些，主板不要低于 i5，最好是 i7 的。同样的配置，台式电脑的性能肯定高于笔记本电脑，如果不需要经常出差的话，建议最好买台式电脑。显示器也不要买太小的，目前市场上大部分的显示器都是

20英寸（1英寸=2.54厘米）以上的，这种尺寸的显示器较为合适。

2. 声卡

声卡分为内置声卡和外置声卡。内置声卡只能用在台式电脑上，并且电脑主板需要有空置的PCI插槽；外置声卡主要用在笔记本电脑上，也可以用在台式电脑上，通过USB插口接入即可。内置声卡的品牌有创新、华硕、摩羯等，现在7.1版本逐渐成为主流，还要注意区分听歌声卡和唱歌声卡，主播应选购唱歌声卡。外置声卡的品牌有魅声、客所思、艾肯等。总体来说，内置声卡的效果会比外置声卡好，但主要还是靠调试。

随着视频直播的兴起，手机声卡也应运而生。手机声卡比较方便，可随身携带，如图2-4所示。手机声卡的品牌有联想、魅声、森然播吧和好牧人等。这些声卡有聊天、唱歌、喊麦等多种模式，甚至还有掌声、笑声等效果，非常方便渲染直播的效果。

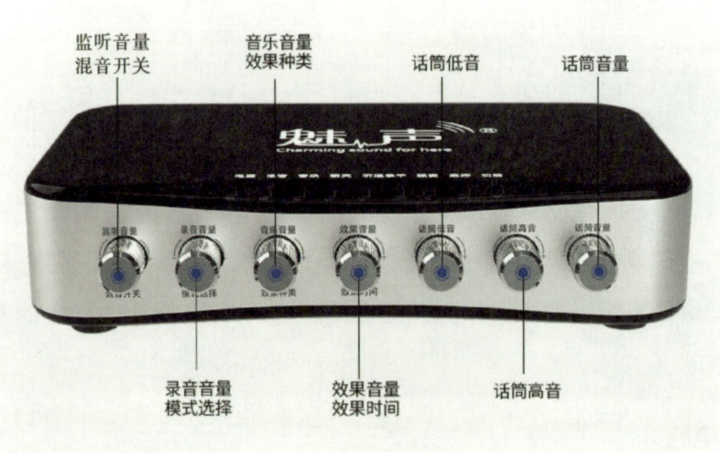

图2-4　手机声卡

3. 宽带

宽带是非常重要的，做视频直播很耗流量，带宽越高，能够发送的数据就越多。视频直播中网速的快慢会直接影响视频直播的质量。即便主播才艺再好、颜值再高，也没人会愿意去看一个连说句话都要卡半天的直播。因此，要尽量选用 10 兆以上的光纤宽带，光纤宽带上行与下行可以同步，这样传播的效果会更好。

4. 美颜摄像头

主播使用的摄像头在很大程度上决定了主播的颜值，如果摄像头功能不好，视频直播效果当然也会随之大打折扣。因此，摄像头最好具备高清美颜功能，这样能让视频看起来更加清晰美观。具有美颜功能的摄像头不仅可以改变肤色，还可以瘦脸，并且很多都是免调试的，用起来非常方便。

摄像头的主要参数 fps，指的是摄像头每秒拍摄图像的帧数，常见的有 60fps、30fps、25fps。帧数越多，图像的质量就越好。当 fps 不低于 30 时，画面就可以很流畅。可视角一般在 70°以上，分辨率基本都到了 1920 × 1080，而像素从之前的 30 万像素到现在的上千万像素，质量提高了很多。不过，高像素摄像头对宽带也有很高的要求。罗技高清网络摄像头（如图 2 – 5 所示）无论是在视频通话还是在直播时，都可以获得清晰的细节、鲜艳的色彩，以及每秒 30fps 的全高清 1080p 流畅视频。

图 2 – 5　罗技高清网络摄像头

5. 电容麦和防震架

专业的直播电容麦可以有效地减少室内环境多余的杂音，防止啸叫，打造丰富细腻的声音，非常适合主播直播、网络 K 歌以及短视频的后期制作等。电容麦的灵敏度非常高，为防止爆音和杂音，要记得给电容麦加上配套的防喷罩。而且，用于视频直播的电容麦一般搭配专用的金属防震架，从而使录音效果更好。电容麦和防震架如图 2 –6 所示。

图 2 –6　电容麦和防震架

电容麦的种类非常多，从几百元到几万元，一般选择几百元的就可以了，常见的品牌有 iSK、魅声等。

6. 监听耳机

做主播必然要有一个监听耳机，以监听你输出的声音。购买电容麦的时候店主一般会赠送监听耳机，资金比较充足的话也可以买一个音质好一点的监听耳机，这样戴起来会比较舒服，效果自然也会更好一些。监听耳机如图 2 –7所示，一般都优于常规耳机，且功能简单，没有音量调节按钮和麦克风功能，专用于视频直播时的监听。符合人体工学设计的监听耳机佩戴舒适，更有利于耳朵健康。视频直播专用监听耳机的线长标准是 2 ～3 米，若太短则在展示舞蹈等才艺时活动空间会很受限制。

图 2－7　监听耳机

三、如何布置直播间

直播间的布置不仅影响主播的形象，还直接影响主播的吸粉程度。试想，若主播容貌秀丽、穿着得体，而所在的直播间却比较脏乱，会给粉丝带来什么样的感觉？一般来讲，干净整洁、明亮大方的直播间会带给粉丝比较舒服的感觉。不过，直播间的布置也要和视频直播的主题相结合。例如，如果是比较可爱的女生在唱歌的视频直播，在布置直播间的时候可以使用可爱的粉色系元素，打造少女风格；如果是健身的视频直播，可以仿照健身房的一些摆设，这样会显得更加专业。下面从几个方面具体介绍布置直播间的技巧。

1. 灯光照明

灯光在直播间的布置是非常重要的。灯光照明种类很多，基本的配置是一盏顶灯和两盏补光灯。一般房间天花板上的灯称为顶灯，安装时顶灯离主播坐的位置最好不要超过2米。顶灯的瓦数和房间的面积要相符，一般的卧室要选择100瓦左右的灯具。顶灯的照射光线充足，光源从上方照下来打在人的脸上会出现明显的阴影，这时就需要补光灯。现在很多补光灯都有一定的调色功能，能满足各种需求，如图2－8所示。如果室内的光线比较弱，或者晚上的时候就需要补光。灯光以白色为主，这种灯光打在主播的脸上最柔和，让人看起来很亲切；如果有柔光模式的话，也可以选择使用，会使皮肤看起来更红润一些。直播间最好不要全部使用冷色调的灯光，那样会让主播的脸色显得暗淡，而且给人一种距离感。

图2－8　补光灯

2. 背景装饰

做视频直播时最好有一个专门的直播间，这个直播间的背景装饰要与主题相关，也可以在客厅或者其他地方进行视频直播，但是背景要尽量简洁，可以放置沙发、桌子、书架、乐器、装饰画等物，这些都是可以提升设计感的；品种尽量不超过3种，否则会显得比较凌乱。如果条件不允许，最简单的方法就是购买一块3D背景布。3D背景布具有仿真效果，而且可以根据需求随意调换，网店有很多这样的商品，如图2－9所示。需要注意的是，不要挑选那些过于花哨和土气的3D背景布，它们会拉低直播间的档次。

图2－9　3D背景布

3. 小配饰

直播间的细节处理很重要，因为某一个角落不起眼的小设计，很有可能会打动你的粉丝。如果是女生做主播，可以在房间放置一些可爱的玩偶、摆饰之类的物品，营造出可爱、甜美的氛围。二次元主播可以多用一些卡通、动漫的小配饰，以吸引类似爱好的粉丝。购物类主播可以添置精美而有特色的商品，这不仅可以展示商品，还可以引发观众的购买意愿。

主播还可以在麦克风上点缀一些个性化的小配饰，这样能让冷冰冰的设备变成装饰品，提升亲和力。做视频直播的时候，主播可以拿着仙女棒之类的物品，还可以抱着小熊玩偶等，这样会使主播变得更可爱。

四、如何调整视频直播画面的角度和画质

对视频直播画面最基本的要求是画质清晰、整体协调。一般来讲，主播的头部和身体部分要在画面的中间位置，不要偏左或者偏右，以身体占画面的一半左右、人脸占画面的 1/4 为佳。画面的底部是胸口以上，画面的顶部是头部上方，要稍微留一点空白位置。

摄像头要平行于主播脸部上面一点，从额头位置往下拍，而且主播与摄像头的距离也要注意，太近会给观众压迫感，而且会影响美感；太远又会让观众产生距离感，看不清主播的外貌。如果是使用电脑做视频直播，主播若距离显示器太近，会因为显示器发出的蓝色荧光而使脸色变得很不自然。

视频直播画面的角度还可以根据个人的五官特点进行调整。如果主播的侧脸看起来更好看，就可以让摄像头的角度偏一点，但是要注意不能太偏。如果主播的皮肤状况不是太好，可以开启美颜效果；如果脸太大，可以开启瘦脸效果，或用大框架眼镜之类的装饰脸部，使脸变小、变可爱。另外，主播还可以戴上不同的假发，恰当地弥补五官的不足，随意变换造型，给观众眼前一亮的感觉。

决定视频直播画质的主要因素有分辨率、帧率、码率。网速和设备决定了视频直播画质的分辨率和帧率，因此，在进行视频直播前，一定要检查网络环境。只有信号良好、网络通畅，才能保证视频直播拥有稳定的画质。如果使用手机进行视频直播时画质不清晰，可能是因为手机性能不够好，如内存不够、摄像头像素太低等，可更换一部内存大、摄像头像素高的手机。

如果是做电商直播，还需要根据商品的不同进行调整。各种商品类目的视频直播有不同的要求和讲究。例如，卖衣服的主播换上售卖的衣服之后要看起来很好看、卖化妆品的主播皮肤要看起来非常棒、卖首饰的主播要贴近镜头让观众把细节看得清清楚楚、卖食品的主播要让画面看起来鲜艳浓郁。另外，做服装类的视频直播，摄像头的高度一般是在主播腰部往上一点，如果平视的话会显得腿短，以摄像头仰角 5°～10°为佳。主播站起来展示服装的时候，如果直接站在房间的中点，会让人感觉这个直播间很狭小，但是，如果站在房间的一条对角线上，则会让观众觉得有纵深感、层次感。

五、如何找到合适的公会

在视频直播平台上活跃着一个个群体，那就是公会。公会并不属于视频直播平台内部的任何一个部门，但对平台的发展却起到了很大的推动作用。公会主要通过整合圈内资源，建立相应的培训机制，签约中小主播，给中小主播提供扶持，并通过对中小主播的礼物抽成实现盈利。因为视频直播平台需要有实力的公会帮忙进行内容输出和主播管理，所以也会给这些公会非常多的优待。

新手主播要在视频直播平台上发展，最好加入一个公会，因为加入公会之后可以得到公会的培养、推广和扶持，公会能够帮主播申请官方的推荐位，提高主播的曝光率，从而快速涨粉。而且，加入好的公会之后收益不仅不会减少，还可以得到更多的佣金分成。例如，在抖音上面，如果主播以个人身份进行视频直播，那么仅能获得30%左右的礼物分成，而且获得推荐位、得到大量曝光的机会微乎其微。而加入公会后，主播可以获得大量的推荐机会，迅速提升人气，且礼物分成也会大幅度提升。目前抖音公会有A、B、S三种级别，如果主播加入的公会为S级，最高可获得视频直播总收益的55%。

当然，现在公会骗子也很多，大家在选择的时候需要谨慎，不是什么公会都可以随便加入。在加入公会之前要注意以下几点。

1. 不要轻信过高的福利待遇

在视频直播平台中，有的公会给出的福利待遇相当高，例如保底5000元、分成在60%以上等。作为新手主播，看到这些信息的时候一定要仔细想一想，多问一问，不要被某些公会的文字游戏所欺骗。很多时候保底几千元都是有一定任务量的，如果没有完成新手任务、粉丝量不达标、流水不达标、上播时间不达标等，就会扣除相应款项。

2. 了解公会的口碑

我们都知道，名牌商品在质量上会更有保障，公会也是如此，一个口碑好的公会会更让人信服，因为品牌塑造往往是一个长期的过程，需要公会不断地、真诚地运营，并通过做广告、大规模地宣传公会理念等行为不断地增强公会的品牌优势。

不同的公会也会有不同的定位。例如，大鹅文化是游戏领域最大的直播经纪公司和 MCN 机构；久帝传媒致力于各类直播行业的专业艺人培养，打造知名的网络主播；愿景娱乐拥有强大的运营能力及孵化能力，能够让优质主播突破限制天花板，让新手主播快速适应并不断成长。主播可以根据自己的需求选择适合自己的公会。

3. 仔细查看主播管理条例

在新手主播入驻时，公会都会给主播提供本公会的主播管理条例，让主播对公会有一个基础认识。条例内容包括公会简介、主播待遇、主播签解约条例、奖励制度、主播后期发展梗概等。主播可以在主播管理条例中查看公会的资质，看看是否有提出需开播多少天才会发工资之类的强制性要求，是否有一些不合理的条款。

例如，在 YY 上有以下几个级别的公会，不同的公会拥有的特权不同，能够给旗下签约主播提供的平台资源也大不相同，如图 2－10 所示。

图 2－10　公会特权

4．大公会不一定是最适合你的

一般情况下，大公会整体上运作团队庞大，管理科学规范，视频直播内容延伸领域更广泛，资源也会比较多。绝大部分新手主播在进入视频直播领域时，都会选择一个大公会。但是，大公会签的优秀主播比较多，主播的竞争压力比较大，推荐位虽然比中小公会多，但是分配下来的占比率不一定高。如果是实力一般的新手主播，在大公会中的机会并不一定有中小公会多。

反之，因为中小公会人少，新手主播只要有能力和特色，公会就会注意到并且给予支持，尤其是新成立的公会，会特别珍惜新手主播，会给予新手主播相当长时间的扶助和培训。因此，主播在选择公会的时候，一定要记住，适合自己的才是最重要的。

六、如何打造完善的视频直播营销体系

一个人是很难做到头部主播的，要想做好视频直播变现，提高视频直播的转化率，就需要打造完善的视频直播营销体系。一般来讲，可以分为：前端——播前准备；中端——直播中的运营；后端——复盘和粉丝维护。

1．播前准备

一次成功的视频直播离不开事前的准备和预热，播前准备包括直播间搭建、直播设备选择、主播人设、直播脚本、开播前预热等。其中重要的三个要素就是主播人设、直播脚本和开播前预热。一个出色的主播人设，可以给观众留下深刻的印象，提高粉丝黏性，提高转化率。一个好的直播脚本，可以提前统筹安排每一步要做的事情，包括直播主题、时间节点、活动环节、产品讲解和成交方案等，可以让主播胸有成竹、有条不紊地进行直播。开播前预热包括站内引流和站外引流。站内引流主要有设计吸引人的直播间封面、直播标题及标签等，站外引流主要通过粉丝群、微信公众号、微信群、微博、小视频等途径进行直播预告。

2. 直播中的运营

想要做好一场视频直播，并不是一件容易的事情。直播中的运营主要包括直播互动和营销转化。直播互动是直播内容的基础，也是直播带货的核心。直播之间的互动感越强，越容易刺激观众的即时冲动消费。

直播转化包括活动设置（秒杀、限时限量、买赠等）、产品试用、产品演示和直播时如何搭配产品（引流款、主推款、利润款）等。

3. 复盘和粉丝维护

每一场视频直播结束之后，最好的做法就是及时进行复盘，对直播数据包括观众活跃度、直播间转粉率等进行分析，记下可以改进的地方，并在后面的直播中进行调整。

直播结束后，还要对粉丝进行维护，而不要商品卖出就不管了。可以在之前构建的粉丝社群中设置机器人关键词进行售后回复，也可以设置人工客服活跃讨论气氛、收集粉丝建议、处理售后纠纷。

七、如何注册视频直播平台账号

前面我们已经介绍过三大类主流直播平台，用户要根据自己的定位、自身的规划以及前期所作的市场调研，慎重地进行选择。一般来讲，大的平台流量更大，监管也更到位，但是竞争也会更加激烈。

下面以抖音为例，详细介绍如何注册视频直播平台账号。

1. 注册视频直播平台账号

在手机上安装抖音之后打开，其呈现的第一个页面是看视频页面。如果你的手机连接了 Wi－Fi，就可以直接看视频。如果手机页面提示“4G 网络，是否继续观看”，说明你用的是流量，要是手机的流量充足的话，单击“确定”按钮即可观看抖音视频。

注册抖音账号的具体步骤如下：

步骤 1：单击屏幕右下角的“我”按钮，可以看到如图 2－11 所示的页面。页面中显示 6 种登录方式：手机号登录、密码登录、今日头条号登录、QQ 号登录、微信号登录和微博号登录。

图 2－11　抖音登录方式

步骤 2：首次登录的用户需要先完成注册。这里推荐用手机号注册，在输入框中输入手机号码，单击“获取验证码”按钮，如图 2－12 所示。

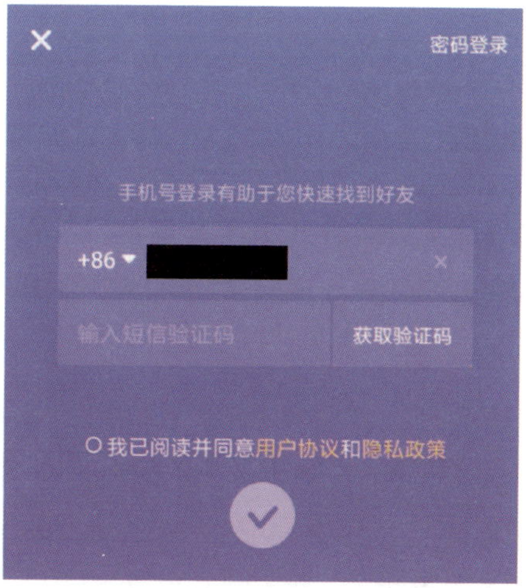

图 2－12　手机号注册

步骤 3：等待验证码以短信形式发送到手机上。按短信内容输入四位验证码，勾选下方“我已阅读并同意用户协议和隐私政策”前的圆圈，然后单击下面的“√”按钮，如图 2－13 所示，即可完成登录。

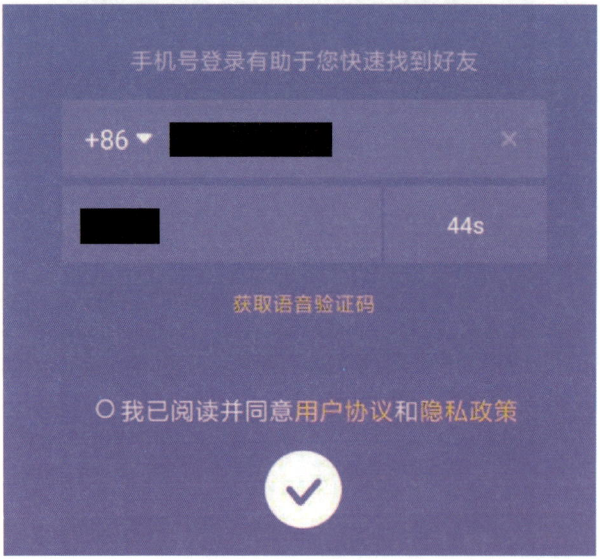

图 2－13　完成登录

登录之后，系统会提供默认头像、随机名字、默认抖音号。这些默认设置的内容可以自行修改。

如果采用其他登录方式，单击相应图标后会进入对应的应用中，出现登录授权页面，单击“确认”按钮即可。

2. 开通视频直播功能

目前，抖音的视频直播功能是面向所有用户开放的，用户完成实名认证后就可以在抖音上体验视频直播。主要有以下两种方法。

方法 1：

进入抖音，点击下方的“＋”按钮进入拍摄界面。在最底部有“拍照”“拍 60 秒”“拍 15 秒”“影集”“开直播”5 个选项。滑动至“开直播”，有三种直播模式“视频直播”“电脑直播”和“语音直播”可以选择，点击“开始视频直播”，进入直播状态，如图 2－14 所示。

图 2－14　开直播

初次直播，会弹出“实名认证”的提示页面，根据提示输入真实姓名和身份证号即可开通直播功能，如图 2－15 所示。

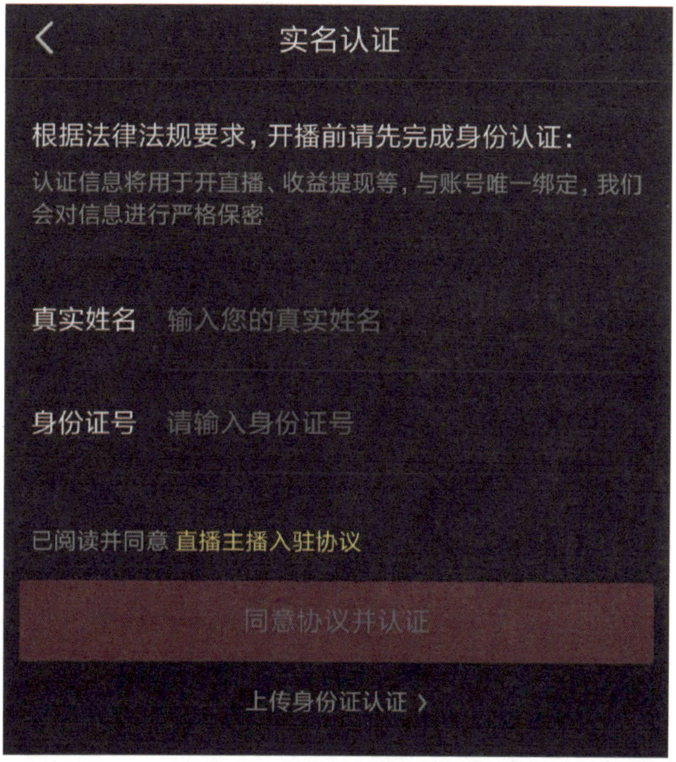

图 2－15　实名认证

方法2：

进入抖音，点击下方的“我”按钮进入个人主页，点击个人主页上的三横杠菜单按钮。选择菜单里的“创作者服务中心”，进入“创作者学院”后点击“开始直播”按钮，如图2-16所示，同样可以进入直播界面。

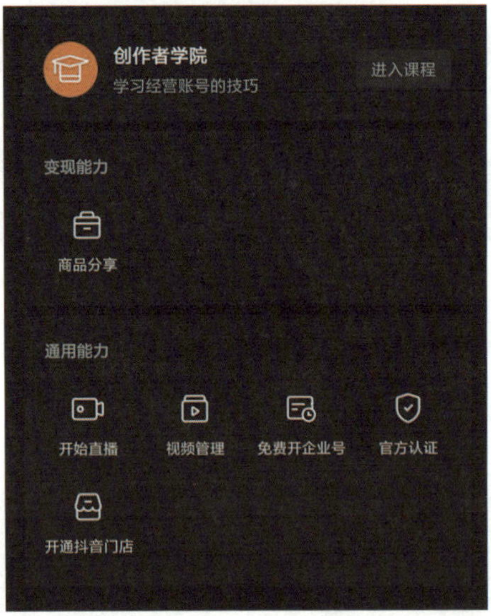

图2-16　创作者学院

第三章

主播IP打造

一、什么样的主播容易成为超级 IP

IP 是从文化领域延伸过来的术语，也具备“品牌”的含义。在过去，品牌往往代表一家企业或一个产品。在全民直播的今天，如果你在某一领域或某一群体中能够产生巨大的影响力和号召力，你就是一个 IP。2019 年，网红主播李佳琦直播带货个人年收入 2 亿元，薇娅直播带货个人年收入 1.6 亿元，两个人年收入总和远超数家 A 股上市公司年营收总和，他们都可以被称为“超级 IP”。

那么，什么样的主播才容易成为超级 IP 呢？

1. 拥有自己独特的优势

头部主播大都有自己独特的优势，例如外貌、爱好、专长等，或者对服饰、美食、美妆、游戏等有专业的研究，独特的优势是你个人 IP 的特色。例如，快手直播中的小沈龙本身就是东北二人转演员，在 2009 年参加中央电视台《梦想剧场》全国模仿秀大赛总决赛时获得冠军，有着与众不同的表演天赋，这些独有的优势让他在快手直播的舞台如鱼得水，迅速崭露头角。

2. 拥有较高的情商（EQ）

作为一名主播，需要很高的情商，从一定意义上说，情商跟收入成正比。根据有关数据，在几大平台表现优异的主播中，97% 以上的人都具有非常高的情商，而在表现不佳的主播中，85% 的人情商明显不高。情商，它的全名是“情绪商数”，是一种能够识别、理解、管理自己和他人的情绪并处理好相应关系的能力。它包括独立性、同理心、责任心、自信心、自律等多方面。优秀的主播都很了解观众的心理和需求，例如，薇娅在直播中经常提到她的老公和女儿，这种说一点个人私事的方式很容易拉近她与观众之间的距离。

3. 语言表达和沟通能力强

互动性是直播的一大优势，主播需要主动与观众打招呼，找话题和观众沟通。因此，主播必须具备良好的沟通能力，能够向观众清晰明确地表达自己的想法，能够有效地调动直播间的气氛。而且，主播一定要学会眼观六路、耳听八方，不放过任何一个细节。主播还要及时回复弹幕信息，并且做到随机应变，因为直播间的随机话题很多，主播不可能提前考虑到，优秀的主播能够根据观众的提问，随时分析话题、分享案例、发表看法，并且能够影响和说服直播间的观众。

4. 专业知识过硬

主播如果想要长久发展，吸引更多人的关注，就必须有拿得出手的技能，或者成为某一领域的专家，对自己专业领域内的知识非常了解，能够非常快速地分辨出产品的好坏，以及什么产品适合怎样的用户等。越专业的主播，他们呈现出来的直播内容越能让观众信服。例如，李佳琦是彩妆师出身，熟知各方面的彩妆知识，包括产品质地、品种、适配怎样的妆容等，通常能给予观众专业且准确的意见。2016 年他参加“BA 网红化”淘宝直播比赛，签下了美 ONE，成功进入美妆直播领域，其后还打破过“30 秒涂口红最多人数”的吉尼斯世界纪录。在直播中，李佳琦语速很快，针对每一款上新的产品，他会一边对着镜头试用，一边介绍产品的功能、设计细节、用在脸上的感觉等，也会告诉观众产品如何使用和搭配。在他的直播间，观众不仅能买到心仪的口红，还能学到很多关于口红的专业知识。

5. 重视口碑

只有重视自己的口碑，才能在直播平台上得到更好的发展。网红主播都非常重视品控，他们在直播间发布产品之前，一般会对产品进行详细的了解，包括注册地、法人、产品信息等，在审核产品的手续方面也十分严格，看其是否属于正规产品、是否符合行业标准、质量是否过硬等。例如，薇娅曾经多次明确表示，自己的团队对工厂的审核十分严格，每天晚上都会试用各类产品，因为她要对万千粉丝负责。对售卖的每一款化妆品，薇娅都要亲自试用，不是亲测好用的决不上架，不能让粉丝受一点点伤害，这就是“宠粉”。据说薇娅的脸经常因此过敏，但她依然坚持。

二、打造超级 IP 的五个关键点

致力于直播事业的每一位主播，都想成为超级主播。那么，如何才能打造一个超级 IP 呢？下面我们来分析一下成为超级 IP 的五个关键点。

1. 找准自己的定位

想要打造个人品牌，首先要对自己进行定位，找到属于自己的独特的优势，也就是竞争力。这是打造个人品牌的第一步，也是最关键的一步。然后要根据自己的定位找到自己的风格，进入自己熟悉的领域。例如，你若将自己定位为擅长美食，就可以从美食领域找到一个切入口：是做中餐还是西餐？在不同的直播平台上，做得好的美食主播有哪些？做到知己知彼，并且有的放矢，才能更快地成功。每个主播都有自己独特的优势，不需要刻意模仿别人。只要拥有自己独特的优势，就能吸引欣赏你的人。

2. 根据平台进行包装

人们常说“酒香不怕巷子深”，然而实际情况是，即使你有超强的实力，如果不懂得如何包装，不知道如何宣传，照样无法成为超级 IP。很多主播在刚开始直播的时候并不出色，但是后来越来越耀眼，像宝石一样散发出光芒。这是因为经过了一定的包装，她们会自觉地不断改变自己，学会做合适的发型、化精致的妆、搭配不同的衣服。做直播的时候，她们的表情和肢体语言会尽量丰富一些，有自己的招牌动作或者有辨识度的语言，让自己总是有亮点吸引粉丝。

3. 让大家认可你的价值

打造超级 IP，很重要的一点是让大家认可你的价值。你一定要让别人觉得你对他们是有价值的，这样才会得到外界的认可。让别人认可最快捷的方法就是持续不断地输出价值，专注研究某一个领域，成为该领域的专家。所以，要定时给直播间的观众进行专业知识分享，吸引固定的粉丝群体，提高与粉丝之间的黏性。

4. 不断增加你的曝光度

一个 IP 的形成是需要不断积累、不断曝光、不断冲击的。在对外曝光、宣传自己的时候，需要给自己贴上一些符号，也就是我们经常提到的人设和标签。你要告诉观众你是谁、你在直播间干什么、你对他们有什么价值，个人主播可以通过发布软文和在抖音、快手等平台上发布短视频来增加曝光度。如果有团队的话，要进行团队协作，对 IP 维护做好整体的规划管理，如什么内容可以发什么内容不可以发、什么时候和粉丝互动及怎么互动等。

5. 长期坚持不懈地努力

在任何领域中，要想成为佼佼者，都需要放平自己的心态，脚踏实地地去努力拼搏。除了要不断学习、增加才艺和专业技能、提高个人品位和素质外，还要掌握一些直播技巧，包括风格设定、直播定位、直播节目策划设计、与不同粉丝的交流方法及具体的运营策略等。比如在直播时选择一首歌曲，也是存在很多技巧的，如果选错了曲目，就会给直播氛围和粉丝情绪带来不好的影响。

粉丝都是一点点累积的，直播很忌讳三天打鱼两天晒网，只有规律地定时直播才能留住粉丝。新手主播不要因为前期没有人关注你就停止直播，或者不认真直播。只有长期坚持不懈地努力，才有可能成功。

三、三种昵称命名方式帮你建立有辨识度的个人品牌

在直播平台上，从营销和传播的角度来讲，有一个辨识度高的昵称是非常重要的。另外一定要特别注意：一旦昵称确定了，就不要轻易改变，否则只会让观众记不住你。下面我们介绍三种昵称命名方式。

1. 简单好记

昵称就是一个人在网络上的名片，越是简单的，越容易被人记住，你也就越能快速地获取更多的关注。因此，建议昵称不要太复杂，尤其不要加特殊符号或者超过 6 个字，因为这样的昵称会增加大家记忆及搜索的难度，减

少潜在的目标粉丝的关注。因此，昵称应尽量贴近真名，简单好记是命名的基本原则。

2. 关键词拓展

通常情况下，昵称最好和自己所选领域相关，可以对某个关键词进行拓展，例如主要做美食直播的主播，可以取爱美食的小雅、美食推荐、大华美食探店这类名字。这样起昵称，可以让观众迅速知道你是做什么的，了解你的直播内容和定位，而且能够给观众一种专业度很高的感觉，让感兴趣的观众直接关注你。在昵称中加上关键词，当有网友搜索这一关键词的时候，你的名字就有可能出现在他面前。而且，当你在其他人的直播间发弹幕、刷礼物或者对短视频发表评论的时候，都可以显示这种有辨识度的昵称，从而吸引观众关注。

3. 独特性

独特性是指当网友搜索你的昵称时，可以直接找到你，而不是出现一大堆信息。例如，“薇娅 viya”这个昵称就十分简单，采用中英文结合的方式很难与别人重复，在百度上搜索“薇娅 viya”的时候只会出现薇娅 viya 的信息，不会出现其他人的信息。尽量不要单独使用常见的名词、地名、游戏角色名、游戏内物品名，因为这样很容易在搜索时出现众多信息，令人混淆。

四、如何找到自己的方向和定位，打造人设和标签

用心研究就会发现，活跃在网络上的各路达人都有自己明确的方向和定位，拥有自己的人设和标签，例如风趣、段子多、颜值高等。在直播平台上，要想崭露头角，自然也不能例外。作为新手主播，一定要做好定位，如果盲目开播，很可能会输在起跑线上。

定位就是找到最适合自己的、自己最擅长的、比竞争对手有优势的、能够长期发展的领域。那么，如何才能找到适合自己的定位呢？图 3－1 展示了一些定位的相关因素，下面从这几个方面进行具体的分析。

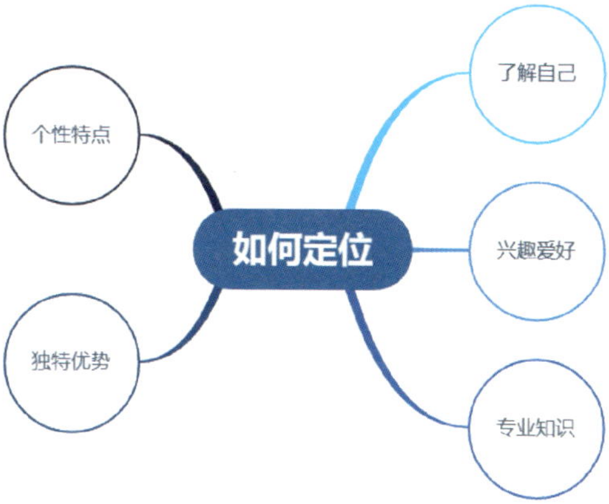

图 3－1　定位的相关因素

1. 了解自己

很多人都自认为了解自己，但真的是这样吗？你在过去的几十年中最喜欢做的事情是什么？最擅长做的事情是什么？做什么事情的时候察觉不到身体疲劳，从内心深处感到满足呢？只要你能发现自己的优势和专长，就可以通过发挥它们，把其用在自己擅长的领域。如果你实在不了解自己，也可以问问身边的人，看看在他们的印象中你是个什么样的人，有什么优点。

2. 兴趣爱好

每个人都有不同的兴趣爱好，例如唱歌、跳舞、弹琴、画画、做瑜伽、打球等。兴趣爱好通常就是我们的优势所在，做自己感兴趣的事情往往会比较得心应手。但是，很多人在成长的过程中，或者在参加工作的时候，并没有考虑到自己的兴趣爱好，没有机会将自己的兴趣爱好和工作结合在一起。做主播就不同了，在直播平台上，你完全可以先考虑自己的兴趣爱好，然后朝着这个方向去努力，用自己的才华去吸引成千上万有共同兴趣爱好的观众。比如，如果你喜欢玩游戏，经常关注游戏的更新，对相关游戏的新理论、新数据、新修改或者新装备都了如指掌，那么，你就可以选择做一名游戏主播。

3. 专业知识

人们常说，网络红人始于颜值，忠于才华。在这个审美多元化的时代，很多人更看重主播的才华和专业度。在某一领域的佼佼者，往往也是专业知识过硬的人。例如，在直播中解答育儿问题的，大都是儿童教育专家；在直播中泼墨挥毫的，往往是现实生活中的书法大家。如果你也恰巧在某个领域拥有过硬的专业知识，那么，恭喜你，假以时日，你一定可以在直播领域拥有一席之地。

4. 独特优势

直播平台的头部主播大都有自己的独特优势。如果你唱歌唱得特别好，平时在朋友中小有名气，那就可以认真唱歌，让观众点歌曲，朝才艺主播的方向发展；如果你喜欢化妆打扮，或者喜欢指导别人化妆，那就可以做美妆主播；等等。只要发挥自己的独特优势，并展现给观众，就可以形成吸引力。总之，你要根据自己的独特优势来定位，这样直播起来就没有压力、信手拈来，也更容易引起观众的关注。

5. 个性特点

每个人都有自己的容貌和个性特点，要想成为出色的主播，就一定不能放弃自己的特色。如果你长相可爱、声音甜美，就可以走清新可爱的路线；如果你性格平和，喜欢为他人着想，善于倾听，乐于沟通，那你就可以在直播的时候走真诚待人的路线。因为直播的流量非常大，任何风格的直播都有自己的市场。

五、如何形成独特的直播风格

每位主播都应该形成自己的风格，明确自己的风格定位，如此才能有的放矢，在直播的道路上走得更顺利，更快地崭露头角。在平台上比较受欢迎的几种风格有幽默搞笑型、实力唱将型和特色才艺型等，下面进行具体的分析。这些风格可以是你努力的方向，但是你还要考虑在这些风格的基础上表现自己的特点。直播定位要细化，细到一句话、一阵笑声、一个手势都要自成风格。形成自己的直播风格，能够更准确地找到欣赏自己的观众。

1. 幽默搞笑型

幽默搞笑型主播在直播平台上非常受欢迎。游客一进入这样的直播间，就能感受到轻松热情的氛围。主播都有非常广的知识面，在和观众的互动中，时不时地加上几个段子，再添加一些音效和搞笑的动作及表情，可以让观众在开心之余记住你。

新手主播可以多看一些综艺节目，多积累点段子，形成自己与众不同的搞笑风格。例如，2020 年春晚小品《机场姐妹花》的演员金靖就擅长使用夸张的肢体语言进行表演，非常受大家欢迎。不少人表示，这个姑娘的表情很到位，整张脸扭曲到都有点变形了，真的是要让人笑抽了。

2. 实力唱将型

这类主播通常拥有得天独厚的嗓音，有着扎实的唱功基础，他们通过演唱热门歌曲来吸引自己的粉丝，通过“好声音”标签进行引流。同样是唱歌，也需要不同风格的定位，就像歌星一样，每个歌星都有自己独特的风格。例如，腾格尔以演唱蒙古民族歌曲成名，而周杰伦的歌曲则融合了中西方的嘻哈和蓝调，以强烈的个人风格重新塑造了大众对音乐的欣赏标准。

3. 特色才艺型

一些拥有才艺的主播可以考虑这种类型。有特色就是有亮点，更能吸引精准粉丝，也更容易进行后期的变现。例如，有的书法老师一边在直播间泼墨挥毫，一边在粉丝的赞叹声中接题词的订单、收学书法的学生。

六、穿着打扮直接影响粉丝量

得体的穿着打扮是事业成功者的一种基本素养，不仅体现了自身的阅历修养、审美情趣，还可以塑造自己良好的形象。如果主播穿得非常随便，例如穿着臃肿的睡衣直接上镜，会给观众一种不重视直播的感觉，从一开始就无法抓住观众的心。

1. 注意颜色搭配

衣服的颜色搭配会影响主播的整体效果，对主播的人气产生很大的影响。合适的颜色会使观众感到心情愉悦，不合适的颜色会降低观众对你的好感。服装通常分三类颜色：红、黄、橙色及相近的色彩为暖色，给人以热情的感觉；青、蓝色是冷色，给人以冷淡的感觉；绿、紫色是中间色。作为主播，一般应该选择暖色和中间色的服装，尽量不要选择冷色。

通常来讲，红色象征温暖、热情与兴奋；黄色象征温情、华贵、欢乐、热烈与活泼；绿色象征自然、成长、清新、宁静、安全与希望；白色象征纯洁、神圣、明快、清洁与和平，也最能表现一个人高贵的气质。主播可以根据自己的直播风格进行色彩选择，需要注意的是，全身的颜色最好不要超过三种。

2. 穿出自己的风格

主播的着装要适应自身形体、年龄、职业的特点，扬长避短，并在此基础上创造和保持自己独有的风格，体现自己与众不同的个性。例如，专注于艺术相关领域的主播可以采取丰富多彩、有趣的搭配风格，以彰显自己的个性。

3. 根据不同的体形穿衣

好衣服还需要好身材与之相称，只有了解了自己体形的优劣所在，才知道如何巧妙地扬长避短。例如，小巧玲珑的主播可以选择浅色系，有弹性、有质感，松紧适宜，款式简单的衣服，切忌选用暗色调、款式繁复的服装；高瘦型的主播最适宜穿流线感重、能够明显分出腰部的款式，切忌选择太古板的衣服。

4. 小配饰大作为

配饰是构成服饰美不可或缺的部分，女性常用的配饰有丝巾、帽子、皮包、腰带、首饰等。大部分配饰不但实用，而且在使用得当的情况下还能起到画龙点睛的作用。配饰应该精致，不是越名贵越好，而是要和服装的风格统一，起到锦上添花的作用。配饰也不是多多益善，更不能漫不经心、随意搭配。例如，一个身材纤瘦高挑的主播，在穿上一身得体的服装之余，搭配叮当作响的耳环或项链，会显得更加大方、俏丽、时尚。

5. 不穿过于暴露的服装

随着直播平台的不断发展，对主播的着装要求也越来越严格。国家广播电视总局禁止在直播中出现过于暴露的服装，每个平台都制定了严格的规定，一经发现直接封号。而且，性感暴露的服装会让主播显得比较低俗，即使吸引了一部分年轻的宅男粉丝，这些粉丝的质量也不会很高。因此，要想吸引真正喜欢自己的铁粉，还需要主播拥有才艺、直播的内容具备价值，这样才能在直播的路上走得更稳、更远。

七、如何根据直播风格对主播进行合理包装

优秀的主播要学会根据直播风格对自己进行合理包装，让进到直播间的观众一看到你就知道你是什么类型的主播，并吸引更多喜欢这种风格的精准粉丝。一般来讲，主播可以分为可爱萝莉型、气质女神型、高冷御姐型、潇洒随意型、成熟稳重型等。不同的直播风格相对应的造型和包装也各不相同。

1. 可爱萝莉型

可爱萝莉型主播个子娇小、长相可爱，在直播平台上非常受男生的欢迎，而直播观众大部分都是 25 岁以内的男性。可爱萝莉型主播大都是网红脸、大眼睛、齐刘海，擅长唱歌、跳舞、角色扮演和模仿秀等。可爱萝莉型主播可以穿上 Cosplay 服饰或汉服进行直播，把直播间的布置成可爱少女系风格，摆放一些玩偶，直播的时候手里可以拿魔法棒等道具。

2. 气质女神型

所谓气质，就是一个人身上散发出来的独特魅力。俗话说，“腹有诗书气自华”，气质女神不仅外表优雅大气，内在的涵养修为也很高。气质女神

型主播在直播时一般会保持微笑，娓娓道来，亲和力很强。这类主播适合穿知性、简单大方的衣服，搭配干净利落的中分短直发或长卷发，女神范儿十足。直播间布置也要有档次一些，沙发、书架和墙上的挂画都要显出主播的品位。

3. 高冷御姐型

高冷就是高贵冷艳的意思。御姐一般指的是外表、身材、个性和气质成熟的年轻女性，她们通常容貌姣好、体形优美、个性鲜明、明理泼辣、口才奇佳。她们给人以大姐姐的印象，相对于“萝莉控”，偏好御姐者常被称为“御姐控”。这类主播适合穿优雅、端庄、干练的职场服饰，柔美中带着帅气、前卫却不过度。直播间的布置也要简洁大气一些，装饰物可以比较个性时尚，以符合御姐的气质。

4. 潇洒随意型

潇洒随意型主播有美女也有帅哥，他们给人一种天然、随意、轻松、潇洒、亲切的感觉。他们大方开朗，擅长表达情感，开得起玩笑，在直播平台上很受观众的欢迎。这类主播适合穿棉、麻、羊毛等面料，样式简单、略为宽松的服装，色彩倾向于柔和、自然、不刺激，可以佩戴木制、皮制等饰品。直播间的布置要给人一种干净清爽的感觉，可以是田园风格，也可以是简约风格并加入适当的时尚元素。

5. 成熟稳重型

成熟稳重型主播给人一种成熟可靠的感觉，其内心很强大，也很有气场，直播时出现的各种情况都能冷静面对。他们知识面广，对社会热点问题把握准确，善于感知他人情绪，在直播的时候能够敏锐地抓住观众的心理动向，给出恰到好处的安慰和鼓励。这类型主播适合剪一个比较成熟的发型，宜选择剪裁和用料都比较考究、能够修饰身材的套装，如果选择休闲服装，也要偏典雅、职业，才能更完美地展示自己，让自己更有魅力。

八、打造精致妆容的几个技巧

在直播平台上，高颜值能够在很大程度上为主播加分。担心自己颜值不够的主播们，拿起手中的化妆工具，行动起来吧！化妆就是运用化妆品和工具，对五官及其他部位进行修饰。俗话说："没有丑女人，只有懒女人。"适当化妆是美化容貌的一种手段，对自己容貌不满意的主播可以通过化妆来扬长避短，展现自己的优点，增添美感和魅力。作为主播，还需要注意的是，因为直播间的灯光和平时的日光不同，再加上有摄像头，所以化的妆要类似于舞台妆，要比平时生活中化的妆浓一些。

下面介绍一些简便而实用的化妆技巧。

1. 清洁脸部皮肤

在化妆之前，一定要认真地将脸部皮肤清洗干净。清洗一般有油洗和水洗两种。如果条件允许，最好油洗，即选用洗面霜、清洁霜等油质皮肤清洁剂洗脸。它的优点是既能除去脸部油污，使脸部洁净，又能保护皮肤，免除碱性物质对皮肤的不良刺激。

2. 用护肤水、乳液进行基础保养

使用护肤水、乳液对皮肤进行基础保养，可以使未经化妆的脸部更加洁净、滋润，确保肌肤处在保湿状态后再涂隔离霜、BB 霜和遮瑕膏。

3. 点涂隔离霜、BB 霜和遮瑕膏

使用隔离霜和遮瑕膏可以使肤色均匀，遮挡皮肤瑕疵，让脸不容易泛油。因为油光满面的话，在视频里是非常不好看的。首先在全脸大面积地点涂隔离霜，用掌心按压全脸。接着用粉刷蘸取适量的 BB 霜，在脸颊上由内往外刷开。最后在眼睛下方轻轻点上专用遮瑕膏，用弹钢琴的指法拍打。

4. 描画眉毛

在化妆的时候，依照脸形描画合适的眉形是非常重要的。一般来讲，如

果是长脸形，适合画直线眉，眉梢向下略弯；如果是圆脸形，则适合画上扬眉，两眉上挑，画成圆弧形。使用眉粉的时候，要以横刷蘸取，在纸上扫去多余的粉末，再从眉头开始描画眉毛。

5. 涂抹眼影

在眼头和眼尾的地方用白色眼影刷出半圆形状，然后沿着上睫毛根部刷一层眼影，在下眼睑的尾部用浅色眼影轻扫一层，用毛刷清扫，使不同颜色的眼影变得更加均匀。这样一来，就可以解决眼睑和眼影对比度不高的问题，让画出的眼影更加有冲击力，立体感也随之提升。另外，在眼睑内侧涂上较深的眼影，可以衬托出鼻子的线条，这是东方人常用的一种技巧。浓妆比较适合用深咖色或者灰黑色眼影，若搭配眼线和假睫毛，效果会更好。

6. 画眼线

眼线可以让眼睛更加有神、有灵气。画眼线的时候可以选择防水型眼线笔，从眼珠上方开始勾勒眼线，两头细中间粗是原则，这样眼睛就会显得炯炯有神。

7. 刷睫毛

用睫毛夹将自己的睫毛夹至卷翘后，上一层睫毛膏，如果不够纤长可重复刷一次。如果要用假睫毛，可以根据自己的喜好选择浓密度和长度适宜的假睫毛，分别在上、下睫毛根部粘贴好，一定要沿着自己的眼皮粘贴才会自然。在假睫毛上涂好胶水后，千万不要马上将假睫毛贴到眼皮上，而是要吹10～15秒钟，让胶水处于半干的状态，这时候胶水黏性最大，贴得最牢。贴法是先贴中间再贴眼尾和眼头。贴完假睫毛后，可以在其与眼皮交界处再涂上一层眼线液，这样看起来更加自然。

8. 打腮红

先在两颊打上腮红，使整个脸部显得柔美自然，也能使颧骨更加突出。然后用同色腮红轻扫太阳穴部位，便可使脸部色彩浓淡和谐。

9. 涂唇膏

首先把唇膏涂得浓厚、均匀，随后把双唇表层的那部分唇膏印在纸巾上，留下的就是深层的颜色了，最后轻轻地扫上一些透明的唇彩，将颜色牢牢锁住，这样就可以获得持久和自然的唇妆。

九、如何恰当使用直播平台的美颜等功能展示个人魅力

在心理学中，颜值被称作“面孔吸引力”。站在心理学角度看，面孔作为人们社会交往中首先注意到的外在线索，对各方面的影响还是相当大的。相关的脑科学研究还发现，具有吸引力的面孔能够作为一种奖赏刺激，激活观察者大脑的奖赏系统，促使多巴胺分泌，使个体产生行为动机和快乐的感觉。因此，在直播平台上，主播们都希望将最好的面貌呈现在观众面前。

现在美颜的功能已经非常强大，美颜技术与算法也日渐成熟。在直播平台上，借助滤镜、美颜等功能，即使颜值不算出众，也可以变成大眼睛、双眼皮、樱桃口、锥子脸的大美女。

而且，现在直播处于快速发展的阶段，很多直播平台还提供了萌颜特效，萌颜 SDK（Software Development Kit，软件开发工具包）中包含了人像美颜、美型、动态贴纸、特效滤镜、3D 面具、抖动、哈哈镜等多种功能。人像美颜可以进行磨皮美白，基于人脸识别技术，实现大眼、瘦脸以及嘴巴和鼻子等细节部位的调整。用户可以通过人像美颜和美型功能消除脸上的瑕疵，使皮肤细腻光滑，也可以瘦成网红脸，把自己最美的一面展现出来。多种多样的动态贴纸和特效滤镜，对主播来说是非常实用的，可以使主播看上去更加好看，达到想要的效果。

下面以抖音直播为例来介绍一下具体该怎么操作，以实现以上这些功能。

打开抖音，进入直播界面，在右上角点击“美化”按钮，即可打开美颜界面，在里面可以选择磨皮、瘦脸、大眼等效果，还可以添加风格妆和滤镜效果，如图 3－2 所示。

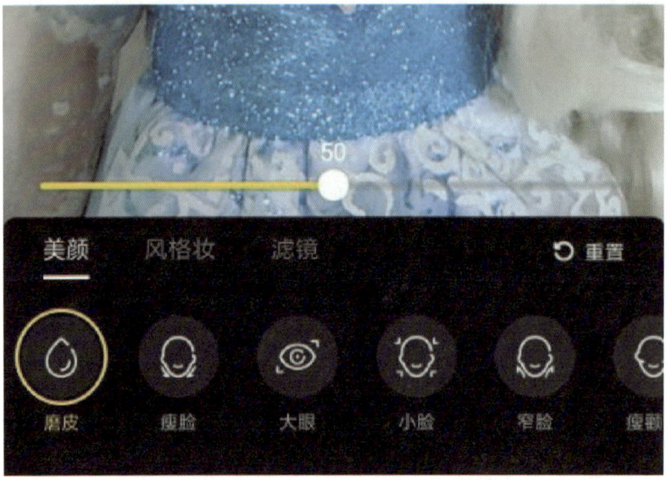

图 3-2　抖音的美颜界面

在直播界面，点击“道具”按钮，在直播扮靓、热门等类目中选择需要的道具，如图 3-3 所示，然后就可以对着镜头做出喜欢的表情进行拍摄，屏幕可以自动检测到人脸，并自动跟踪人脸的活动。

图 3-3　选择需要的道具

十、如何练习，才能让主播的声音更动听

除了容貌和穿着打扮之外，主播还有一个方面需要重视，那就是声音。充满魅力的声音不仅能增加主播的自信和气质，更会赢得粉丝的追捧。即使是容貌普通的主播，只要声音有特色，也一定会有很多粉丝，这个现象在歌唱类主播中尤为突出。因此，要想成为一名出色的主播，一定要注重用声音塑造人格魅力。那么，如何训练才能让自己的声音变得更动听呢？

1. 说好普通话

主播一定要说好普通话，虽然有的搞笑主播会使用一些方言，让自己的直播更加有意思，但是，这些主播并不是说不好普通话，而是因为直播需要才使用方言。他们在认真说普通话的时候是非常标准的，这就是所谓的收发自如。主播面对的是全国的观众，只有正确而恰当地发音，才能让更多的人听得懂，才能与观众进行更好的沟通与交流，也能避免因为方言问题而流失潜在的粉丝。

2. 吐字清晰有力

主播发音正确、清晰、优美，词句流利、准确、易懂，观众听起来会比较舒服。反之，如果主播发音错误并且含糊不清，观众听起来就会极不舒服，进而产生一种本能的抵触情绪。字音主要是由咬字器官配合发出的，如果要使它们配合好，需要打开口腔，将力量集中于唇和舌。新手主播平时可以多练习绕口令和口部操，以加强口腔的自我控制能力。

3. 让声音富于变化

好的主播，其声音是富于变化的，也会随感情的变化而变化。主播会根据说话的内容，该轻则轻、该重则重，当快则快、当慢则慢，让观众的情绪在其引领下跌宕起伏，时而低沉、时而高昂。同时，让人感觉音节错落有致，声音色彩丰富、语意分明，听起来舒服畅快。好的带货主播还能够通过声音

的轻重来引导观众的思路，让自己所讲的内容易于被人理解和接受，从而达到变现的效果。

4. 注意说话的语气

语气是实现语言主体对象化的重要手段之一，表示说话人对某一行为或某一事情的看法和态度，是在思想感情的运动状态支配下语句的声音形式。同样的一句话，因为主播的语气不同，会给观众完全不一样的感觉。例如，使用喜悦的语气来讲，可以表明心中的喜悦之情；使用愤怒的语气来讲，可以反映出内心的愤怒之意；使用生硬的语气来讲，则说明内心有不悦。主播在谈论某一个话题时的语气，也能表明主播对这一话题的态度。因此，很多时候，使用鼓励、信任、赞赏等恰到好处的语气和对观众讲话，能帮主播赢得更多的关注和尊重。

5. 控制说话的音量

主播在直播间聊天的时候，如果说话声音太小，不容易让观众听清，会导致其注意力不集中，从而失去兴趣；而如果说话声音太大，则容易让观众感到突兀，产生压迫感，心情紧张，从而导致观众离开直播间。因此，主播要控制说话的音量，说话声音要适中，使观众毫不费力地听清，如果声音大而生硬，会让观众听起来不舒服。

6. 不要用鼻音说话

在直播间，经常听到有些主播发出“哼”“嗯”的声音，这就是鼻音。如果主播说话时常常使用鼻音，肯定不会受到观众的欢迎，因为主播的声音听起来像在抱怨，毫无生气，十分消极。如果主播想让自己说的话更具有吸引力和说服力，想让自己的语言更富有魅力，那么从现在开始就别再使用鼻音了。

十一、提升音质的小技巧

声音是主播的第二张脸，好的声音可以让你魅力四射，而不好的声音则会让观众对你产生游离感。如何才能让你的声音在直播中变得更有魅力、更有感染力呢？

1. 选择较为安静的地方

直播时要有一个安静的空间，以保证除了直播的声音外没有其他杂音。如果周围有细碎的杂音、风声，或空间太小导致说话有回音等，观众不仅无法听清直播的内容，还会影响心情。录音过程中主播应尽量保持静坐状态，不要前后摇动座椅或走动，这样可以避免距离麦克风忽远忽近而造成音量忽大忽小，影响收听效果。

2. 使用耳麦进行录音

为了降低周围杂音的干扰，主播可以戴上耳机用耳麦进行录音。耳麦能够集中录制近距离的声音，从而避免将更大范围内的环境音收录进来。注意在使用时不要用手直接触碰耳麦的收声处，要和其保持一定的距离，一般 5～10 厘米比较合适，这样既可以保证主播讲话的时候不会轻易地喷麦或被录到呼吸声，也能保证音量不会过小。当然，有条件的主播应尽量使用专业录音设备进行录音，从而保证声音的质量，让观众的视频观看体验变得更好。

3. 通过声卡、变声器改变声音

美女主播甜美的声音可以让观众在点进直播间的那一刻就被她的声音所吸引。而对于天生嗓音不太好的主播来说，可以通过专业的录播软件和修改声音的软件改变自己的发音，从而达到想要的效果。在京东、淘宝搜索可以看到，有很多直播专用的声卡、变声器都可以改变声音。图 3－4 展示的是意创生活的 K 歌直播声卡，里面不仅有各种变音，还有笑声、掌声等暖场音效，可以帮助主播炒热直播间的气氛，使直播内容更加生动有趣。

图 3－4　K 歌直播声卡

十二、直播时间太长，如何保护嗓子不受伤

咽喉既是气体进出肺部的必经之路，又是重要的发声器。主播是咽部疾病的高发人群，熬夜、生活不规律、过度用嗓和不正确发声不仅容易导致声音嘶哑、咽部不适，还会使声带受伤，形成慢性喉炎如声带小结、声带息肉等。下面介绍一些科学护嗓的方法和技巧。

1. 少用声带，多用气息

人们日常的呼吸比较平稳，也比较浅。而直播的气息变化很大，日常呼吸是远远不能满足主播的工作需要的。主播只有通过学习和锻炼，掌握科学的呼吸方法，不断提高自己的气息控制能力，才能避免在直播的时候损伤嗓子。

呼吸方法一般分为胸式呼吸、腹式呼吸和胸腹联合式呼吸。日常大家使用的呼吸方法以腹式呼吸为主。胸式呼吸气吸得比较浅而且少；腹式呼吸气吸得比较深，但是进气量不够大；而胸腹联合式呼吸通过横膈膜的下沉和小腹的微收，以及上下力量的对抗形成气息的支持点，能够吸入足够的气，具有容易操纵和支持声音的能力，是主播最适合使用的呼吸法。

胸腹联合式呼吸发声训练的要领是：横膈降，气下沉，两肋开，小腹收。操纵气息的部位在胸部和腹部的连接处，即横膈膜。吸气时，胸部放松，腰部周围明显扩张，两肺底部的横膈膜向下运动，气息自然充分地吸入身体；呼气时，胸腔扩张挺起，小腹向内向上收缩，横膈膜向上运动，将气息由肺部挤出，完成发声过程，随着气流缓缓呼出，小腹逐渐放松。

2. 练习发气泡音

气泡音是一种充分放松喉头后的发声，学习它可以体会声音“挂”在声带上的感觉。发气泡音是声乐学习中重要的基础训练。气泡音是声带振动的最初状态，所发出的声音在最低声区，所有的声音均始于气泡音。通过发气泡音可以体会声带振动时的张力和对气流的阻力。由于气泡音所需要的气流是微弱而稳定的，所以对练习气息控制也是很有好处的。发气泡音可以起到按摩声带的作用，当觉得嗓子劳累时，做做发气泡音的练习可以缓解疲劳，对声带小结的康复也很有帮助。

练习发气泡音的方法是：充分放松喉头、面部，胸部松弛，口腔呈打哈欠状。由胸部缓缓升起一股微弱的气流，到达喉部时声带产生振动，从高到低发“啊”这个音，减小音量，声音位置自然下移，到达最低音区时就会听到声音如一串气泡冒出来。随着气息的调节，气泡可大可小、可稀疏可密集。

3. 稳定喉头与打开喉咙的训练

发声时，喉头始终处于自然、放松、易于发出优美声音的稳定状态。而打开喉咙最充分、最自然、最适度的方法就是练习“打哈欠”。

4. 训练共鸣腔体

主播，尤其是要经常在直播间唱歌的才艺主播，一定不能忽视共鸣腔体的训练，要不然唱歌唱到高音部分的时候会非常刺耳难听。正确发声可以很好地发挥共鸣腔体的作用，得到较好的共鸣声音，让主播在音质、音色、音量及穿透力等方面得到很大提升。

共鸣腔体分为口腔共鸣、鼻腔共鸣、胸腔共鸣和头腔共鸣。其中口腔共鸣是声音从喉咙发出后的第一个共鸣区域，是歌唱非常重要的组成部分，是胸腔共鸣和头腔共鸣的基础。口腔共鸣能增强声音的亮度；鼻腔共鸣能增强声音的穿透力和柔韧度；胸腔共鸣能增强声音的厚度和深度，使声音丰满而有力；头腔共鸣是声音中最具有魅力的成分，能使声音明亮、穿透力强，尤其在男高音、女高音声部，头腔共鸣几乎决定了声音的质量。

5. 对嗓子的科学护理

主播在饭前饭后要做咽部清水含漱，平时多喝温水以缓解咽干，也可以用菊花、金银花或胖大海泡水喝。多吃些滋阴润喉的食物，比如百合、银耳、黑木耳、梨等。另外，要少吃辛辣等刺激性强的食物。若嗓子出现不适，如有刺痒、干燥或烧灼感，可采用热熏气疗法。热熏气疗法是将口腔对着冒热气的茶杯或茶壶呼吸，这样就可使不适的感觉消失。

6. 良好的生活习惯

良好的生活习惯对嗓音也起着至关重要的保护作用，主播在平时的生活中要尽量有规律，保持精神畅快、心平气和、饮食规律、睡眠良好，多锻炼身体，增强免疫力，提高肺活量，预防呼吸道疾病。

十三、如何通过学习快速提高才艺和专业素养

任何成功都没有捷径。主播之间的竞争越来越激烈，只有肯努力，运用科学的方法，吸取好的经验，才能够取得成功。

1. 多看书，提高文化内涵

知识和思想是一位优秀的主播应该具备的重要素质。要想成为受人欢迎的网红主播，就要有一定的文化内涵，有丰富的知识，对古今中外、天南海北、历史典故、风土人情等知识都有所了解。只有这样，才能让你在直播的时候思维敏捷、触类旁通、左右逢源，和直播间的观众聊天聊到点上，才能让观众喜欢和接受你。而要做到这些，则需要你博览群书，不断地扩大自己的知识面，增加自己的知识量，并且在说话之前做好充分的准备，熟悉自己

所要表达的内容。

2. 训练思维能力

思维是语言的基础，一个人语言表达能力的高低取决于其思维能力的强弱。通常，思维敏捷的人反应速度也会比较快，无论是被刁难时，还是需要回答问题时，都能快速地组织好语言，说出见解独到、让人叹服的观点。而那些思维不够敏捷的人，说话时常短路，反应比别人慢半拍，语言也没有力度。因此，作为主播，不仅要进行知识的积累，还需要训练自己的思维，学会一分为二辩证地看问题、深层次地看问题，提高自己的思维能力，如此才能真正做到内外兼修，才能化解直播时无话可说的尴尬局面，才能让直播水平得到提升。

3. 锻炼良好的语言表达能力

良好的语言表达能力，简单来说，就是把事情说得清晰、准确、得体的能力。它是主播必备的素质之一，也是其综合能力的体现。

听是说的基础，要想会说，就要养成爱听、多听、会听的好习惯，如多听新闻、多听演讲、多听别人说话等，这样你就可以获取丰富的信息。这些信息经过大脑的整合、提炼，就会形成语言的丰富源泉。

词汇是语言的基础，要想会说，首先要积累一定量的语汇，多背诗词、格言、谚语等，将自己看到的经典好句子记录在笔记本上，每天读一遍，以培养语感，之后说起话来就会口若悬河。另外，如果掌握了灵活多样的语言表达方式，说起话来自然就会活泼、生动有趣。

当然，语言表达能力的提高非一朝一夕之功，它靠的是长年累月的积累、坚持不懈的训练。主播要想具备出色的语言表达能力，就必须在平时的工作、学习、生活中多听、多说、多读、多练。

4. 培养幽默感

一位专业主播的养成，必然离不开幽默感的养成。平时要注意对一些幽默素材进行收集整理，如生活中出现的搞笑情景、综艺节目中出现的段子等。主播要善于从这些幽默素材中学习幽默的方法和技巧，以此来培养自己的幽默感。另外，一位优秀的主播要心胸宽广、大气，在直播间里要能够自黑，从而让观众开心。

十四、增加互动魅力的三大心法

很多人以为主播只要颜值高，会唱歌、跳舞就够了。实际上，才艺好的主播不一定比善于和粉丝互动的主播更受欢迎。那么，怎样才能增加主播的互动魅力呢？

1. 多赞美别人

赞美是一种低成本、高回报的人际交往法宝。从心理学的角度来说，赞美别人能有效地拉近陌生人之间的心理距离。主播在和自己的观众对话的时候，如果能够懂得恰当地赞美观众，会让观众心生欢喜，乐意与之亲近，因此更容易得到观众的喜欢。赞美必须是真诚的，这是先决条件。赞美的内容应该是对方拥有的、真实的。同一件事情，从不同的角度来看就会得出不同的结论，赞美的时机一定要正确，恰到好处地赞美是十分重要的。主播在直播的时候要善于从不同的角度观察，遇到欣赏的人或事，就要不吝啬地赞美。当然，赞美的尺度也是很重要的，过分的恭维、空洞的吹捧，不仅不会让观众感到舒服，反而会适得其反，过犹不及。

2. 善于倾听

有一位哲人说过："上帝给我们两个耳朵，却只给我们一个嘴巴，意思是要我们多听少说。"主播在和粉丝互动的时候，常常会忽视这一点，经常搞一言堂，自己在直播间说得口干舌燥。实际上，如果你想有更多的观众，就要先学会倾听，仔细品味别人说的话，弄清楚对方要表达的是什么，知道观众喜欢听什么，了解观众更容易接受什么样的表达方式，要懂得让观众多说话，将话语权交到观众手里，并适当地进行引导。开口前深思熟虑，说话时减慢语速，不说废话，想好了再开口，才能更好地完善自己所表达的内容。

3. 多用肢体语言

主播应尽量多用肢体语言，尤其是通过面部表情来表达内心的渴望、需求以及感受。痛苦的时候要眉头紧锁、目光呆滞、嘴角下拉、痛哭流涕，快乐的时候要眉飞色舞、满眼含笑、嘴角上扬、哈哈大笑。优秀的主播大都能够在讲述事情的过程中结合肢体动作，将情感宣泄得淋漓尽致，牢牢抓住观众的注意力。而新手主播往往比较拘谨，直播的时候面部表情并不明显。要想改变，就要学习和掌握用不同的表情来表达不同的情绪。多做各种表情的练习，让自己的情绪表达恰到好处。最重要的一个点就是要把握好表演的度，不能太做作，不能过于夸张，以免引起观众反感。另外，还可以加一些可爱的小动作，例如，卖萌地比剪刀手、温馨地比爱心、调皮地吐舌头等。

十五、如何和观众对话，让亲切指数增加

很多人看直播只是因为苦闷寂寞，想要寻求一种心理安慰，或者是劳累一天后想要放松一下心情。这时候，主播一定要安抚他们的情绪，让他们感到亲切和放松，使他们愿意和你多沟通交流。

1. 面带微笑直播

微笑是一座沟通情感的桥梁，主播灿烂的笑容能给观众带来亲切感。主播的微笑就像一缕春风，可以吹散观众郁积在心头的阴霾；主播的微笑就像一抹阳光，能够温暖观众受伤苦闷的心。喜欢微笑的主播，可以在直播间营造和谐愉快的气氛。

微笑是需要练习的，如果刚开始觉得不太适应，那就坚持每天练习。一个简单的小方法就是：对着镜子，咬着一根筷子，保持微笑 10 ～ 30 分钟，尽量练到自然不做作。一旦能掌握好这一点，那么接下来就可以很好地和观众进行交流，让你的直播间的气氛更加活泼自在，更加容易掌控。

2. 善用文明礼貌用语

当观众进入直播间时，主播要非常有礼貌地说出对方的昵称并问好：

“欢迎×××来到直播间。”看到有人刷礼物要真诚地表示感谢，当聊天要结束时，主播也不要忘了说“很高兴和您共处”“我希望能够很快再次见到您”。这样不仅显得有礼貌，也能为下次的相遇做好铺垫。

3. 说点自己的私事

从心理学角度看，人际关系的亲疏和他们交谈的话题是有密切关系的，关系越近，人们之间谈论的话题就越私人化。因此，如果主播在直播间和观众互动的时候能够主动向观众透露自己的一些私事，就会给观众一个心理暗示：我们之间关系很好，你可以向我倾诉你的心事，因此能拉近主播和观众之间的心理距离。

这些私事可以是自己曾经失败的经历、生活中的一些糗事，或是一些无伤大雅的小缺点，因为俗话说得好：“金无足赤，人无完人。”这样才更容易获得观众的信任和尊重，赢得更多人的关注。而那些“毫无瑕疵”的完美主义者，则没有多少人愿意亲近他们。

4. 注意说话的语气

主播在和观众互动的过程中，不但要注重遣词造句，而且需要考虑用怎样的语气来表达才更容易获得观众的支持。常用的语气有赞赏的语气、信任的语气、商量的语气等。在直播的语言中加入上述语气，可以让观众更加认可你。每个人都渴望得到别人的信任，主播在直播的时候表现出充分的信任，使用商量的语气和观众对话，会给观众一种被重视的感觉，更容易触动观众的内心。

十六、如何在直播中化解尴尬局面，增加个人魅力

有时候，虽然在直播之前已经做好了准备工作，但是，直播间随时都可能有新的观众进来，所以在直播的过程中可能会出现各种各样的问题，如果主播的临场应变能力不强，就很可能使自己陷入尴尬的局面，严重影响直播的效果。

1. 保持良好的心态

直播的观众很多，其中难免有恶意刁难者。他们会在直播的过程中故意提出一些歧视、轻视、诋毁的问题。面对这些刁难者，主播要保持良好的心态，可以采用避实就虚、幽默化解等策略来应对。避实就虚就是不正面回答那些故意刁难的问题，而是谈论一些无关紧要的话题，或发点直播间红包和小礼物安抚观众，以此转移观众的注意力。

2. 巧妙自嘲

直播的现场无法剪辑或推倒重来，这对主播的临场应变能力提出很高的要求。在直播的过程中，主播如果出现了失误、忘词等现象，不要试图掩饰它，因为这样反而会使你更加尴尬，你可以用自嘲来对付窘境，拿自己开开涮，通过戏谑来营造一种轻松的氛围。这样一来，你不仅能很容易地找到台阶下，还可以使观众对你有一个全新的认识。

3. 克服紧张害羞

很多新手主播都会遇到这样一些问题：开始直播后不知道自己应该做些什么，看到直播间进来人就很紧张，也不知道应该说些什么，感觉很尴尬。这主要是受紧张、害羞等心理因素的影响。主播要学习克服紧张心理，提前多加练习，熟悉了这种环境掌握了应对方法后，就不会再觉得尴尬了。

4. 自带幽默感

幽默使人快乐，幽默使人欢笑，幽默感强的主播，可以使自己的直播间充满欢声笑语。主播平时要多积攒一些笑话和段子，这样在直播的时候就可以根据具体的情况信手拈来。例如，有的主播在跳舞的时候不小心出现失误，看到批评他的弹幕就觉得很尴尬。其实在遇到这样的问题时，要学会适时使用音效，如搞怪笑声等，巧用大家都很熟悉的梗就能很好地化解这波尴尬。总之，主播平时应该多积累一些段子，以便在尴尬发生的时候使用。

5. 准备好聊天的话题

主播可以提前准备一些有趣的、人人都能发表意见的问题。例如，聊一聊当下的热点问题，像春节前后爆发的疫情以及它对社会造成的影响，等等。如果在直播的过程中，观众对直播的内容不感兴趣，原本活跃的现场气氛一下子冷了下来，那么对于主播而言是非常尴尬的。这时，主播可以和观众互动，向观众提出富有针对性和启发性的问题，让观众积极参与进来。

6. 开播前做好功课

带货的主播在直播前一定要了解商品本身的功能、质量、卖点和性能等，避免出现观众对商品感到好奇，在评论区要求进一步了解商品时主播却不知道该讲些什么的尴尬。如果类似问题多次出现，观众的情绪肯定会变差。如果是商品链接出错、价格出错、优惠券失效，直播间运营要在第一时间处理，及时和商家交涉，更正商品信息，并在评论区和观众解释，不能因为此类问题而使直播流程发生变化。

十七、主播如何聪明地应付观众的骚扰

现实生活中的美女经常会受到别人骚扰，直播间的美女主播也不例外。当看到观众发来的骚扰内容时，主播应该怎样应付呢?

1. 用微笑回击蓄意挑衅

主播在直播时，不可避免地会遇到一些不怀好意的观众，有可能是竞争对手，也有可能是看不惯你的人。在直播的过程中，他们总是伺机给主播出难题，甚至故意挑衅。面对这种情况，主播不要太在意，遇到尴尬的情况时可以自黑，或者开个玩笑，一笑而过。不动声色的微笑也是回击他人挑衅非常有效的手段。

2. 控制自己的情绪

主播在直播中遇到低素质的观众时，一定要注意控制自己的情绪，千万

不要和对方互骂，这样只会让观众对你的印象变差。对于在直播间辱骂主播的黑粉，可以直接将其禁言或者将其请出直播间。例如，某位女主播在直播的时候遇到几个黑粉对其进行谩骂，她尽力控制着自己的情绪，在直播间说："这里是我和朋友们交流的地方，不是让你们胡说的地方，既然你们不喜欢我的直播间，那么，就请你们离开这里！"这位女主播的态度赢得了观众们的赞赏，大家纷纷谴责那几位恶意刷屏的黑粉，迫使他们自动退出直播间。

3．在必要时敢于说"不"

在直播间时，如果有观众提出了过分的要求，主播要么委婉地回绝，要么无视。当别人不尊重你时，要大胆地说"不"。你可以直言不讳地说出自己的想法，明确指出他们对你造成的伤害，但切忌起冲突、过分讽刺对方或表现得气急败坏。这样可以赢得其他观众的尊重和赞赏。例如，一个观众在直播间给某位漂亮的女主播刷了几千元的虚拟礼物之后，想要邀请她私下见面，交个朋友，女主播就礼貌地拒绝了这个不合理的要求。

十八、新手主播应避免的六大错误行为

随着直播行业越来越火，很多新人都满怀希望地进入直播行业。然而，由于不了解直播行业，对自身定位不清晰，从而出现很多错误的做法，导致直播事业受阻，甚至铩羽而归。下面介绍一下新手主播应避免的六大错误行为。

1．向观众索要礼物

很多主播喜欢直接向观众索要礼物，特别是看到高等级观众进入直播间后，就直接说："大哥，你号这么大，给我刷点礼物呗。"有些高等级观众可能觉得不好意思，会给你刷点礼物，但下次可能就不来你的直播间了，所以这样的行为是得不偿失的。实际上，主播完全可以通过直播内容吸引观众进行打赏，或者通过与观众的情感交流获得打赏，而不是在彼此还不熟悉的时候就直接索要礼物。

2. 直播间里气氛沉闷

大多数新手主播的直播间气氛都不是特别热闹。一方面是因为新手主播放不开。试想，你自己都不开心，观众怎么能开心起来？气氛沉闷自然留不住观众，因此直播间的人越来越少。另一方面是因为新手主播的业务不熟练，对直播的节奏没有把握好，还没能掌握活跃直播间气氛的一些方法和技巧，再加上直播间没什么人，主播自说自话，感觉有些尴尬。实际上，新手主播应该放开一点，提前准备好直播内容和话题，多练习几次，情况就会好很多。

3. 忽视弹幕信息

主播在进行直播的过程中，要密切关注观众发的弹幕并及时回复里面提出的问题，可以提前准备一些较长的答案。而很多新手主播要么忽视弹幕信息，总是自说自话，结果观众感兴趣的问题没有解答，观众会觉得没有参与感，就会慢慢地离开直播间；要么简短地回答问题，把话题聊死了，观众也会觉得没有意思。例如，当观众在弹幕上发问："美女，你是哪里人呀？"主播回答："大连人。"然后便不说话了，观众就会觉得无趣。假如主播这样回答："我来自美丽的海滨城市——大连，我们这里有很多有趣的地方……欢迎大家来这里旅游……"就可以和观众通过聊天进行互动，观众会觉得主播很热情、很随和，也就乐意留在直播间和主播多交流。

4. 心态浮躁

主播在新人阶段的时候，往往观众特别少，直播间氛围也不太好，更没有什么收入，这时主播就会感到焦虑、浮躁，甚至把负面情绪传播给进入直播间的观众。有的主播会在观众面前轻易说出"我不干了"这样的话，给观众一种很不好的感觉，从而导致观众流失，陷入恶性循环。

5. 不重视粉丝群的维护

很多主播在直播结束之后，就不再和观众交流，也不花时间打理自己的粉丝群，有的主播的粉丝群甚至闭群，这样一来，主播的观众数量可想而知。而主播的收入与观众息息相关，因此，主播一定要想办法维护自己的粉丝群，如果实在没有时间，也可以找几位活跃度较高的管理员进行粉丝群的维护。只有真诚地对待每一位观众，才能得到观众的爱护。

6. 直播时间太短

很多新手主播都是被主播行业的高收入吸引来的，不知道这个看似轻松的行业其实有着一般人难以承受的辛苦。一般的主播每天直播都超过 8 个小时，在这段时间里，才艺主播需要不断地唱歌、跳舞、聊天，不时地活跃直播间的气氛，给观众带来快乐和看点；带货主播需要不停地介绍产品的特点及亮点，还要帮着观众试用产品。很多新手主播坚持不了那么久，他们不知道，那些站在金字塔尖、月收入几万元甚至十几万元的网红主播，都是这样努力过来的。

十九、打造知识型网红主播的七个关键因素

随着直播行业的不断发展，很多知识型网红主播出现在观众面前，他们一般都拥有扎实的功力和系统的知识，能够满足某一领域观众的需求，通过分享丰富、有趣的知识来充实直播内容。这类主播不仅可以获得高人气，而且可以获得不菲的报酬，头部知识型网红主播的年收入能达到百万元甚至千万元。那么，怎样才能成为成功的知识型网红主播呢？

1. 定位明确

首先要明确的是，你的专业技能是什么？最擅长做什么？弄明白你的特长是音乐、美术、舞蹈、外语，还是演讲与口才、机器人编程、企业管理、心理咨询等。只有找准定位，并围绕这一定位坚持不懈地努力，才能为直播做好充足的准备。例如你擅长外语，就可以将自己定位为外语教师，向观众分享学习外语的技巧和经验。

2. 观众群体明确

在专业技能明确之后，还要对观众进行画像，了解观众群体的年龄、性别、分布城市等。只有明确了这些内容，才能精准定位市场，制订有效的推广

计划。例如，音乐、舞蹈面对的往往是4～12岁的小女孩，机器人编程主要面对6～12岁的儿童，企业管理主要面对25～55岁的成年人，等等。

3. 领域垂直细分

越是垂直细分的领域，越可以显得主播更专业，目标用户更精准。用户黏性和忠诚度越高，越容易做出成绩。例如，有一位民乐教育机构的老师，古琴弹得特别好，他通过直播开设古琴教学课程，平均每个月的营收在5万元左右。这个成绩还是很不错的，因为古琴比较冷门，一个人能做到这个程度，说明领域垂直细分具有非常重要的意义。

4. 进行竞品分析

俗话说："知己知彼，百战不殆。"在打造自己的IP之前，首先要分析你的竞品，看看相同领域的竞争对手是怎么做的，他们在课程安排、分享内容、直播节奏、互动形式上有什么优点，有什么值得你学习的地方，有什么不足之处是你做直播的时候要避免的。

5. 内容专业充实

知识型网红主播往往凭借扎实的专业知识，将直播的内容讲得非常具有科学性、逻辑性和深刻性，给观众留下深刻的印象。例如，一位教心理学课程的主播，专业水平非常高，在她直播间的弹幕上经常会有一些观众的提问，对于这些提问，她都能深入浅出地解答。她用简单平实的语言，结合一些发生在生活中的真实案例，介绍了很多高深的心理学专业知识。

6. 加强趣味性和互动性

知识型网红主播要加强趣味性和互动性，才能激发观众的兴趣，形成自身特色，让观众自主地进行分享。例如，一个教儿童演讲与口才的主播，他的直播间最大的特色就是非常欢乐。他的绕口令和段子很多，还经常编排一些小节目，让观众积极地参与进来，使观众不仅学习到了知识，还收获了快乐，结果，很多观众都向亲朋好友介绍了他的直播间，给他带来了不少新观众。

7. 打造核心竞争力

现在，直播行业的竞争非常激烈，要想在同类直播中脱颖而出，必须形成不同于其他竞争对手的核心竞争力，人无我有，人有我优。首先要做出独特的内容，在知识分享方面有自己特殊的教授方法和技巧。其次要有自己的特色，也就是独特的教学风格。例如，一位名师在直播平台上分享她的一些教学经验，指导学生学习一些方法和技巧。在她的直播间，无论家长提出什么棘手的关于孩子教育的问题，都能得到她的专业指导，孩子的进步也非常大，她因此收获了相当多的粉丝。

二十、企业家如何强化个人 IP

2020 年疫情期间，企业直播以 10 倍的业绩增长，成为直播领域的亮眼明星。越来越多的企业家选择进入直播间，实现与消费者的实时互动，以获得消费者对自己企业品牌的认可。在 2019 年的天猫“双 11”，全球就有 100 多个品牌的总裁、高管亲自参与直播，其中有骆驼集团总裁及助理、森马集团总裁、百丽集团总裁、足力健集团总裁、马克华菲创始人等。

那么，企业家如何强化个人 IP 呢？有以下几个方法可供参考。

1. 参加访谈直播

企业家加入直播有着天然的优势。企业家有自己的梦想与情怀，有自己的产品，其品牌故事和品牌理念、创业经历等都可以作为直播内容的亮点，这些对于观众而言，也是具备新鲜感的内容，同时也更具信服力。而且，企业家参与直播，对于传递企业文化、提升企业知名度及市场好感度、塑造良好的企业公关形象等都起着积极的作用。例如，花椒直播间的“大佬微直播”就邀请过很多企业家在直播间分享创业经验，这种访谈直播往往能够吸引很多目标粉丝。

2. 直播介绍产品

很多企业家本身就是名人，有着大量的粉丝。而且企业家比一般人更了解自己的产品，再加上企业家一般都有较好的语言表达能力，平时在各种行业论坛、内部企业大会上也都介绍过自己的品牌和产品，因此也适合做直播。

例如，2020 年 2 月 14 日，林清轩品牌创始人孙来春亲自进行直播，直播 2 小时的成交额相当于线下 4 个门店 1 个月的销售额总和。3 月 8 日，红蜻蜓董事长钱金波在“天猫女王节”完成了他的直播首秀，吸引了 43.53 万人次观看，使其线上销量同比增长 101%。三一重卡的董事长梁林河在 3 月 20 日的一场直播中，2 小时就卖出 186 辆重型卡车，销售额达 5000 万元。

3. 举行直播发布会

现在，直播发布会已成为各大品牌抢夺人气、霸占流量、制造热点的营销法宝，并吸引了越来越多的企业家加入。2020 年 2 月 13 日，小米 10 手机发布会以纯线上直播的方式举行，开售 1 分钟，全平台销售额突破 2 亿元。在直播会上，小米科技创始人、董事长兼首席执行官雷军对新产品小米 10 手机的性能和优点进行了详细的介绍，并回顾了小米 10 周年来的历程，小米三大高管还接受云采访，现场回答大家关心的问题。这次发布会首次登陆卫视直播，并且联合 71 家直播平台等进行直播，引起了非常大的关注。

4. 专业知识讲座

企业家一般都是在某一领域比较专业的人，由他们进行专业知识讲座直播，通常能吸引对此专业感兴趣的人。例如，新东方教育科技集团创始人、董事长俞敏洪就是教育领域的专家，2020 年 2 月 28 日晚上，他在快手上做了一场题为《四年青春年华，终身兼济天下》的直播。在直播中，俞敏洪以自己的亲身经历作为例子，为大家介绍青年成长的经验。随着俞敏洪的分享，越来越多的粉丝参与互动，直播时间比预期延长了 1 倍。在 2 个小时里，这场直播吸引了 98.6 万人观看，获得 49.8 万次点赞，俞敏洪的个人快手账号较直播前涨粉近 3 倍。

第四章

内容输出

一、如何打造独树一帜的直播内容

不管在什么平台、什么时候，内容都是直播最重要的元素，也是直播的基础，没有好的内容，即使得到平台的推荐，上了热门，也留不住用户。尤其是很多用户已经关注了别的主播时，你必须想方设法做出与众不同，比其他主播更优秀、更专业、更特别的内容，才能吸引到更多用户的关注。

1. 竞争对手分析

在直播平台上，同质的内容比较多，你在直播平台上做好定位之后，要找到一些定位差不多的竞争对手的账号，做一个全方位的竞争对手分析。首先，要对竞争对手的市场状况、商业模式、运营和推广策略等方面进行分析。其次，要思考一下竞争对手的内容是否有参考价值；竞争对手在服装、造型等方面有什么特点，这些特点是否有助于内容输出；竞争对手的优点有哪些，存在什么不足。当对这些竞争对手的情况进行详细的拆解之后，你就可以在此基础上充分发挥自身的优势，打造出更有竞争力和吸引力的内容。

2. 与众不同的切入点

在直播平台上，相似的内容特别多，你要做到和别人有区别。当确定一个主题后，对于一些大家耳熟能详的热点话题，要考虑同行有可能会从哪些角度进行直播，进而寻找一个与同行不一样的切入点，这样才能打造差异化、与众不同的内容。例如，大多数的美妆主播都是在直播间教大家一些化妆方法和技巧，或者是进行美妆产品的测评，而有位主播却在大街上找了一些普通人，然后让化妆师为他们化妆、改变造型，呈现出非常大的反差，从而吸引观众的注意力，取得了非常好的效果。

3. 直播内容创新

直播平台上的竞争非常激烈，如果只是平淡无奇的雷同内容，就很难得到平台的推荐，也就不会有太多的流量。因此，要想在直播的海洋中扬帆启航，必须利用人设特点来打造独树一帜的直播内容，即内容创新很重要。例如，在美食直播中，当大多数的主播都在直播一些知名的饭店或者是当地有名的小吃时，你可以独辟蹊径，带观众去探索一些不知名的小店和一些偏僻地区的新美食，寻找一些不太容易被人发现的美食，这样就可以做到内容创新。

4. 展现自己的专业性

每行每业都有其专属的知识，主播要想长久地吸引用户，只靠撒娇和卖萌是不行的。主播需要选择自己擅长的领域，展示专业性强的内容。一般是介绍一些有价值的实用内容，或关于某个行业的专业知识，这对于想要了解相关内容的用户来说是非常有用的。而且，主播还可以塑造自己的行业专家形象，以吸引更多人的关注。例如，主播老王是一位资深茶人，他在挑选茶叶方面是非常权威和专业的。他在直播中介绍了茶叶的类别，以及炒茶、沏茶和清理茶具的方法和技巧，并给爱茶的人提供了一些很有价值的意见，引来了很多人关注他。

二、如何打造有内涵、有深度的直播内容

直播要有自己的创意和思考，只有用了心、有干货的内容，才会有人捧场。绝大多数用户看直播时还是希望看到更有创意、更有趣味的内容。而且，如果在用户进入直播间后的前 5 分钟，直播的内容抓不住他们，他们可能就会离开直播间。

1. 深耕垂直细分领域

垂直细分领域是指行业细分市场。垂直类直播在吸引用户时，就已完成了目标用户筛选，因此需求引导会更加高效，用户的黏性也更强，转化率更高。要想在直播领域中做出有深度的内容，最好的方法就是在某个细分领域认真学习、深入钻研，使直播从平面化走向纵深化。例如，少儿类的直播，可以细分为玩具测评类、绘本故事类、育儿知识类、手工类、童装类等。如果是育儿知识类的主播，就要坚持不懈地制作育儿知识类的直播内容，切忌今天发玩具测评类内容，明天发手工类内容，后天又发童装类内容，只有保

证内容专一，才能做到精准引流。

2. 提升内容的文化内涵

随着直播领域的细化、直播技术的发展和人类文化素养的提升，直播用户越来越青睐于有内涵、有深度的内容。因此，打造直播内容的时候要在文化内涵上下一番功夫。而且，有文化内涵的直播内容与企业的形象更加贴近，显得产品质量较有保证。例如，2020 年 4 月 6 日，“口红一哥”李佳琦和央视主持人朱广权一起通过“云直播”助力湖北企业复工复产。朱广权为湖北特产精心准备了推介词，从诗词歌赋讲到文化历史，网友纷纷表示“太有魅力了”。

3. 提供有价值的信息

只有根据用户关心的问题，创造出符合用户需求、带来愉悦感受的优质内容，才能吸引更多的用户关注。例如，很多“吃播”都是靠量取胜的，通过吃比自己实际饭量多得多的食物来吸引眼球。而有位美食主播却靠着自己不凡的厨艺，利用一些普通的食材做出了非常有特色的美食，还赋予这些美食不同的作用和价值，如有的是减肥的，有的是养胃的。他在直播间除了展示令人垂涎欲滴的美食外，还发挥了自己养生专家的优势，给用户介绍了很多养生保健的知识，让美食直播变得更多元化、更富深度与内涵，吸引了不少用户的关注。

4. 保证原创性和真实性

内容创作一定要拒绝同质化，坚持原创。要根据自己账号的整体风格，判断出用户喜欢的话题，然后用用户感兴趣的方式，以合适的语言创造出用户想看到的内容。只有原创性的内容，才能满足用户对于个性化内容的需求，才能更有生命力，也更容易受到用户的青睐。策划直播内容可以发挥创意，但直播的内容最好是真实的，只有诚实守信，用真实的情感去打动用户，才能得到用户的信任。有了信任，才能提升营销的效果，提高产品的转化率。

5. 多提供具体事例

主播应是一位产品推荐者，所以，用户对于主播所讲的内容很可能不是特别相信，而用户的反馈意见则更具说服力，更容易引起在场用户的共鸣。在直播中，主播可以多提供一些用户的反馈情况，也就是让用户现身说法，这不仅可以增加其他用户对你的信任度，还能让你直播间的内容更加丰富。另外，还可以让用户在直播间提一些问题，由主播进行现场解答。例如，在育儿达人的直播间，针对用户提的“孩子不喜欢阅读怎么办”“孩子喜欢打人怎么办”等问题，主播可以结合现实生活中的具体事例进行解答。主播在直播间专业熟练地解答问题，不仅可以给用户留下更加深刻的印象，还可以为自己树立良好的口碑。

三、视频直播创意的六种套路

视频直播的创意在很大程度上决定了直播的成功与否，有了好的创意，就会引起关注，也就意味着可以获得大流量，而有了用户，直播也就成功了一半。

1. 寻找热点内容

热点内容都是网友最为关心的话题，将直播内容与当前的热点内容相结合，能够提高网友的关注度，扩大影响力。各大门户网站每天都会更新资讯，在首页上一般都会有最热门的资讯内容。微博的口号是“随时随地发现新鲜事”，因此在微博上经常会出现热点事件首发的现象。在微信公众号中也可以看到热门的公众话题和事件。平时多关注微博、微信公众号或者门户网站，留意有哪些内容是一公布出来大家就在讨论的，你就能比较容易发现当前的热点内容。抓住热点内容做直播，不仅很容易吸引用户，也可以使自己的品牌通过热点内容的传播得到大范围扩散。

2. 结合每年的重大节日

每年的重大节日，例如端午节、中秋节、春节等，都是能够引起大家共鸣的。你可以列出每年的重大节日，根据这些节日提前策划制作内容。在创作具体内容的时候，要结合自身领域和用户特点，要时刻将用户的需求放在第一位进行考虑。在节日里再进行直播，就可以最大限度地利用这个节日话题。例如，“五一”和“十一”都是旅游的旺季，在这两个节日来临之际，旅游景点可以在直播平台上发布有关旅游活动的直播，肯定可以吸引不少有意向的用户。

3. 弘扬社会正能量

在直播平台上，符合社会主义核心价值观，弘扬正气，传播社会正能量的内容更容易受到平台青睐。紧跟主流媒体或者平台推出的正能量话题，根据这些内容并结合自身的定位，打造一个助人为乐、传递正能量的形象，并进行相应的内容策划，也是一个不错的方法。主播还可以从传统文化中寻找切入点，从生活中感人的平凡小事入手，关注社会底层以及弱势群体，传递正能量。这类正能量的直播内容往往能触及人们内心柔弱的部分，引起人们的共鸣，吸引人们的关注和转发。例如，为了帮助贫困山区的农民，有的主播会进行一些公益直播活动，然后将直播的收益捐赠出去，等等。只要输出内容的价值观及导向正确，并传递积极向上的生活理念，那么直播的内容就是充满正能量的。

4. 邀请明星参与直播

自带流量的明星和大品牌的契合度很高，号召力是相当大的，直播带来的转化效应也相当明显。例如，柳岩的快手直播创造了 3 小时 1500 万元成交额的销售成绩。王祖蓝通过淘宝直播卖出了 10000 件珠宝，成交额超过 300 万元。“四大天王”之一的郭富城，在快手红人辛巴的直播间向粉丝推荐洗发水，创下 5 秒成交 5. 5 万单、16. 5 万元的销售纪录。

5. 个人才艺结合产品演示

在直播间有很多才艺高的主播，其中有一位卖古筝的卖家，每天都穿着汉服，在自己的直播间演奏古典乐曲，音乐和主播的造型非常搭，给人一种很仙的感觉，很有特色，也很吸引人。每天都有至少 1 万个粉丝在直播间听她演奏，日均增粉300个以上，一个月就可以积累上万个粉丝。

6. 寻找情感共鸣

情感营销是唤起消费者在情感上的共鸣的一种营销手段。一位卖中老年服装的卖家，他的目标用户是中老年女性，他经常会邀请符合类目特性的中老年模特来进行直播。在直播间他会先和观众聊聊天，谈谈婆媳之间的相处之道，讲讲中老年人也要活得潇洒，也要打扮得美美的等话题，然后再介绍这些服装的特点并进行现场试穿，观众觉得这样的直播形式非常好，还能找到情感上的共鸣，从而对直播间有了深刻的印象。

四、直播平台写出好标题的七大技巧

标题是吸引用户点击的主要因素，一个好的标题可以给你带来巨大的流量，可以吸引更多用户，降低推广难度。一般来讲，在开直播之前需要给直播的内容起一个好的标题，尽量不要超过20个字，用来突出个人特色和展示直播内容亮点。那么，如何才能写出一个吸引用户的好标题呢？

1. 优惠福利

优惠类标题是最常见的标题，在直播间销售什么产品、是否在原产地采购、能拿到多少优惠，这些都是“剁手党”比较关注的问题，在标题里要告诉用户产品的最大亮点：人气旺、销量高、大品牌等，打造产品的卖点，再加上本次直播的优惠福利，自然会吸引到有需求的用户来到直播间。例如“品牌女鞋一折起购”“品牌夏款特卖清仓直播”“三折封顶！直播专享”等。

2. 蹭热点

几乎每隔一段时间网络上就会有热点事件出现，一般人们在百度首页的新闻和微博热门话题中都可以看到，热点事件可以在较短的时间内吸引大量网友的关注。因此，当热点事件出现时，直播标题就可以结合其来写，这样可以产生较好的宣传效果。例如，“湖北美食公益直播，为湖北加油”这个标题就结合了当时湖北解封的热门话题。

3. 引发好奇心

好奇心会引起用户的兴趣，提高用户的期望值，用户也会更加渴望知道答案。一个富有悬念的标题，往往会催生用户的点击欲望。例如“代言人神秘惊喜揭秘”“学会这招，砖头房也能变别墅”等。

4. 对比法则

这类标题主要是从产品或者观念的差异点出发，有数字对比、矛盾对比、制造冲突和比较。在标题里通过比较，放大描述对象某一方面的特点，让用户有进一步了解的欲望。例如“专柜女鞋，地毯价格”“大牌专柜睡衣，一折捡漏”，一看到这些标题，用户就会很想点击进去看看到底是不是真的如此。

5. 巧用数字

即使是被推荐到直播平台首页的直播间，用户对单个直播标题的浏览时间也不会超过1秒，所以要想在短时间内快速抓住用户的眼球，主播可以借助数字的力量。在标题中加上数字，可以使其传达的信息更精确、效果更明显、说服力更强。使用数字对产品的卖点进行描述，能够迅速地引起用户的注意，从而吸引用户进直播间观看。例如“高品质一手货源9元抢”“冬季养颜五大法则”“简单3个动作减掉20斤”等。值得注意的是，这种以数字作为要素的标题应与直播的内容和整体风格相符，如果不相符就会适得其反，导致用户对主播的不信任，从而造成大量用户的流失。

6. 巧用噱头

从直播营销的本质上讲，话题才是信息传播的根本，拥有一个好的话题可以让直播营销事半功倍。在话题的制造过程中，噱头一直以来都被人们称为“有效的佐料”，制造噱头也可以成为直播主题的选择之一。例如，旅游界大佬、携程集团董事局主席梁建章在贵州西江千户苗寨直播的时候，以“董事长住过的酒店”为主题，推荐自己体验过的“心水”酒店，1小时销售额突破千万元。

7. 抓住痛点

深挖卖点，找出用户心中的痛点，然后从这些痛点出发，就可以写出打动人心、满足用户潜在需求的好标题。每个群体的关注点不同，将用户在意的内容写进标题，不仅能够吸引用户的注意力，还可以筛选出精准的用户。例如“微胖 MM 的理想穿搭”“小个子显高搭配指南”和“专治腿粗，秒变大长腿”，看到这些标题，微胖、小个子和腿粗的用户是不是都会有点击的冲动？

五、如何有效搜索和快速积累直播素材

创作是一个不断积累的过程，要想长期稳定地输出高质量的内容，除了要有好的直播创意之外，还需要不断积累丰富的素材，创作的时候只要在自己的素材库里挑选、斟酌，再做适当修改，就可以找到合适的直播素材。

1. 搜索素材

搜索引擎是指根据一定的策略，运用特定的计算机程序对互联网上的信息进行搜集、整理、归类之后，为用户提供搜索服务，向用户展示搜索到的相关信息的系统。它能够在成千上万的网页中帮助用户快速寻找到需要的信息。一般情况下，人们使用搜索引擎搜索，就可以快速寻找到自己需要的素材。常见的搜索引擎很多，如百度、搜狗等。

搜索引擎最基本的搜索方法是关键词搜索，但在输入关键词后，往往会出现成百上千个查询结果，例如，在百度搜索引擎中输入关键词“带货直播”，可以出现如图 4－1 所示的搜索结果。

这样搜索出来的内容可能不太精准，你可以通过以下技巧进行查询，从而提高工作效率。

（1）使用双引号（“”）。

给要查询的关键词加上双引号（半角，以下说到的其他符号同此），可以实现精确查询，这种方法要求搜索结果精确匹配。

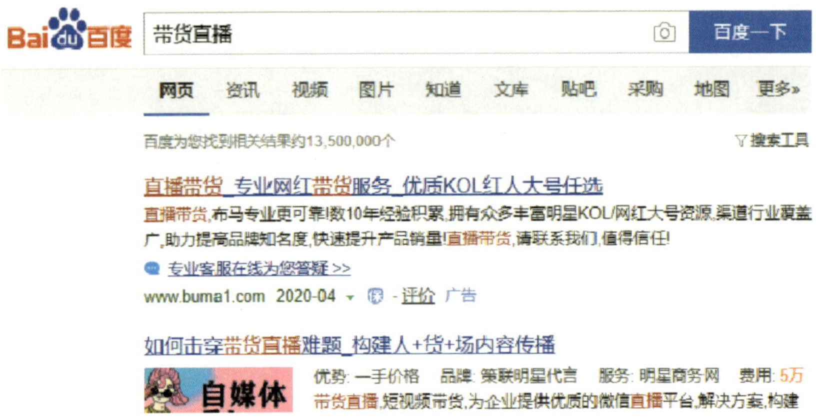

图 4－1　搜索结果

（2）使用加号（＋）。

在关键词的前面使用加号，即告诉搜索引擎，该关键词必须出现在搜索结果中。例如，在搜索引擎中输入“＋带货直播＋服装”表示搜索结果必须同时包含“带货直播”和“服装”这两个关键词。

（3）使用减号（－）。

减号的作用是去除无关的搜索结果，从而提高搜索结果的有效性。那么在搜索引擎中输入关键词的时候就可以通过减号来避免搜索到自己不想要的内容。

2. 通过知乎、微博和微信公众号查找资料

知乎是一个问答社区，它以让每个人高效获得可信赖的解答为使命。知乎凭借认真、专业和友善的社区氛围，结构化、易获得的优质内容，基于问答的内容生产方式和独特的社区机制，吸引、聚集了来自各行各业的亲历者、内行人、领域专家、领域爱好者，将高质量的内容通过人的节点来成规模地生产和分享。在这里，不管什么问题都可以找到相对专业的回答，从而积累大量的素材。

微博是一个通过关注机制分享简短实时信息的广播式的社交网站，其时效性更强，人们在微博上可以浏览热点话题，找到很多创作的思路。

微信公众号口号是“再小的个体，也有自己的品牌”，作为一个优秀的自媒体平台，微信公众号上可谓人才济济，里面有很多优质的内容可以借鉴。

3. 记录生活中的点滴

生活中某件事情让你有了感受和灵感，就要赶紧记录下来，以便后期使用。记录的时候可以使用手机自带的备忘录，记关键的情节、周围人的反应、你的感悟等。经常记录，日积月累，一定会获得更多的素材。

4. 进行大量阅读

收集素材的一个很重要的方法就是大量阅读。时事热点、娱乐八卦、奇闻逸事、天文地理等，都可以了解一些。多阅读不同类型的内容，不仅可以开阔自己的视野，扩展自己的知识面，还可以使自己创作的内容更有深度。

5. 读书笔记整理

在读书过程中遇到好的句子、事例和观点，或者是有了新的感受，可以随手记下并储存起来，便于日后写脚本的时候使用。好的句子包括名人名言、优美的语句、有哲理的句子等。事例建议整理成 100 ～ 200 字的短文，便于引用。如果是对某件事、某个问题的看法，最好也整理成几十个字到一两百个字的段落，便于运用。例如，在看书的时候发现了这段话："你希望孩子成为什么样的人，你就应当塑造更好的自己，然后去影响他，孩子是敏感的，他所有的行为和认知，都来自最亲近的人，你的言传身教比简单粗暴的给予要重要得多。"如果你被触动了，那就把这段话记下来，然后结合自己的感悟，整理成小短文，这样就可以在亲子教育的直播中使用，甚至可以在女装、美妆等直播中用到。因为，只有你成了更好的自己，你的孩子才会在潜移默化中受到你的影响，变得更好。所以，从现在开始，妈妈们要学会更好地爱自己，爱自己从变美丽开始……这不就是很好的素材吗？

6. 运用思维导图

思维导图是表达发散性思维的有效图形工具，它的功能是使大脑的思维可视化，让处理图像的脑区参与到工作中来，有效提高思考力和学习力。我们可以使用思维导图对收集到的素材进行梳理。首先找到一个中心主题，并由此向外发散出多个关节点，每个关节点代表与中心主题的一个联结，而每一个联结又可以成为另一个中心主题，再向外发散出多个关节点，呈现出放射性立体结构，这些关节点就如同大脑中的神经元一样互相联结，组成一个很大的内容素材库，其逻辑结构和内容都是一目了然的。当需要使用某一方面的素材时，可以快速地找到它。

六、直播内容这么做，更容易吸引粉丝

优质的直播内容，是直播间的核心，而用户的数量，是营销的根本。那么，在直播中，什么样的内容才能吸引到更多的用户呢？

1. 加入噱头做直播

噱头，也有看点、卖点、叫座之意。在直播内容中加入噱头是吸引用户的一种非常好的方式。例如，淘宝“一姐”薇娅在直播间卖火箭，原价4500万元的快舟一号甲运载火箭，在薇娅直播间下单只需要4000万元，拍下需要先付50万元的订金。网友肯定会诧异，火箭怎么可以随便出售呢？真的有人会买火箭吗？带着这些好奇，薇娅直播间的观看人数达到705万人。这次的直播卖火箭，实际上卖的是“快舟一号甲运载火箭 KZ－1A 发射＋品牌服务”，其中包括安排火箭的发射时间、地点（地点要具备发射条件）、冠名权、合作伙伴授权、现场观摩发射等。

2. 抓住用户的需求

主播在进行直播的时候，首先要明白自己面对的用户是谁、他们都有什么样的需求。只有把握住用户的需求，才能吸引用户的注意力，拉近与用户之间的距离，给用户带来更多的价值，从而取得用户的信任，受到用户的欢迎。有一位育儿主播本身是两个孩子的妈妈，她的团队也是由妈妈们组成的，这些成员都有一定的育儿经验。她们对具有同样身份的宝爸宝妈的需求和痛点有着非常清晰的认识，这让她们在创作内容的过程中能更好地把握住用户的心理，所以，这个直播间的氛围一直非常好。

3. 抛出有意思的互动话题

主播最好是选能够引起用户互动的、有意思的、有话说的话题，不要选国际形势、军事、民族歧视之类的还存在争议的话题。例如，主播可以在直播间提出“从小到大，你经历过最好笑的事情是什么，最后一次发自内心地笑是什么时候”等类似的问题。主播还可以这样引导：“每个人都经历过很多有意思的事情，今天我们来聊一聊我们经历过的最好笑的事情。我先来说一个，然后你们也说一说自己经历过的好笑的事情吧。”对于这样的开放性话题，每位用户都会有话说，都会有参与感，这不仅活跃了直播间的气氛，也让用户觉得很有意思。

4. 做成系列直播节目

很多主播在直播间表演才艺的时候，都会很随机地演唱、和用户聊天，或者是唱歌互动，既没有明确的计划，也没有创新的内容，久而久之，用户就会觉得乏味。如果每次直播都精心设计，根据创意设置不同的主题，然后围绕着主题让用户参与进来，共同打造出有综艺节目效果的直播节目，并在每一期都设计一些小悬念，制造一些神秘感，让用户始终保持着对直播间的好奇心，长久坚持下去，一定可以吸引更多的用户。

七、如何将主播内容和产品巧妙结合

带货主播的最终目的是将产品销售出去，那么，如何才能将主播内容和产品巧妙地结合在一起，并让用户乐于接受呢？

1. 场景联想

在直播的时候，主播描述出用户常见的产品使用场景，就可以激发出用户的需求。例如，在炎热的三伏天，某位旅游主播推出了几条海边的清凉度假线路，帮助人们度过炎炎夏日。主播一边在景区畅游，一边直播，给用户详细介绍旅游景点的特色，用户亲眼见到主播在景区怡然自得地欣赏着诱人的美景，自然而然就会心生向往，从而产生购买的欲望。

2. 企业家助力直播间

企业家自带流量，他们的出现往往会让用户和他们的企业、他们的产品联系在一起。例如，梁建章在三亚亚特兰蒂斯酒店中号称“三亚最贵酒店房间”的波塞冬水底套房内进行直播。大家都知道，携程是中国领先的综合性旅行服务公司，提供包括无线应用、酒店预订、机票预订、旅游度假、商旅管理及旅游资讯在内的全方位旅行服务。所以，这场直播肯定和旅游有关。果然，在 1 小时的直播中，梁建章卖掉了价值 1000 万元的酒店套餐。

3. 做产品测评

人们在购买产品的时候，面对林林总总的产品和产品性能，总是感到无法抉择。例如，防晒霜有几千个品种，口红有几百个色号，到底选哪一个好呢？这时，人们总是喜欢问问使用过这款产品的人：用着怎么样。而直播的优势就是所见即所得，因此，有很多带货主播直接在直播间做产品测评。例如，当主播测评一款面霜时，可以先教大家怎么去分辨这个牌子的真假，然后说明这款面霜的真实使用效果，再把产品的链接抛出来。

4. 展示产品带来的变化

在直播中，主播展现产品优势时，可以将产品对用户的好处、给用户带来的变化通过直播的方式展示出来，主播可以清楚、直观地告诉用户肉眼能看见的变化，而不是利用一段单调的文字或没有生命力的图片对产品做出描述。用户感到产品对自己有用，就会被打动并激发购买欲望，这样就可以将直播变为有效的营销手段。例如，在服装直播中，主播可以将穿上衣服之后的效果展示出来，以此来说服用户。

5. 提供实用价值

主播可以在直播间提供一些知识、方法、技巧等实用价值，从而带出要介绍的产品。例如，某位美妆达人通过直播和用户分享防晒秘籍，无缝植入脱毛膏、面膜、防晒霜、去油纸等一系列产品，在互动试验中直接导入购买链接，转化效果就非常好。某位育儿达人通过直播介绍育儿经验，推荐最适合孩子使用的各种产品，还非常注重发掘国内外优质的母婴产品，并以团购的方式向用户出售此类产品。团购的产品往往价钱更便宜，这样用户不仅能在直播间学到实用的育儿知识，还可以用合适的价格购买到优质的产品。因此，用户黏度非常高。

八、如何吸引用户直接参与内容生产

在直播中，要从用户的角度深入考虑，如果能够将用户的积极性调动起来，吸引用户直接参与内容生产，一定会起到不错的直播效果。

1. 用开放性问题让用户参与其中

直播的一大优势就是在直播的过程中，主播可以随时和用户互动，让每位用户都可以参与到独特的直播内容创作中，从而满足用户的差异化和个性化消费需求。聪明的主播总是善于通过提问来挖掘用户的兴趣，营造愉快的沟通氛围。用户一旦乐于参与你的直播话题，便会认同你、接受你。但是，提问也是一件需要讲究技巧的事情，只有开放性的问题，才能让用户回答的范围宽广，也才能产生积极的效果。例如，一家女装店在进行直播的时候，向用户提出了一个问题："这一款套装有多种穿法，你能想到什么样的穿搭方法?"这样一来，就可以调动用户的积极性，让大家脑洞大开，想出各种各样不同的搭配效果，而主播则根据用户的提议，分别进行搭配并试穿，从而呈现出非常好的直播效果。用户看到搭配出来的服装效果确实很不错，也纷纷点击直播间的购物链接下单购买。

2. 让用户参与选择直播主题

大部分火起来的直播都是因为其直播主题真正迎合了用户的需求，引起了他们的关注。要想知道什么样的主题是大众最关心的，最简单有效的方法就是调查。

直播主题调查一般可以分为两种，一种是在直播前，通过微博、微信公众号、微信群和 QQ 群等平台，设置问卷调查，让网友来投票选择他们关注的内容。例如，2020 年 3 月 27 日，淘宝的微博发起淘宝直播可以卖什么的投票活动，如图4－2所示。选项之一就是火箭。当天，很多人在评论里@薇娅：是不是可以安排一下火箭？于是，在4月1日，薇娅直播间就真的安排上了火箭。

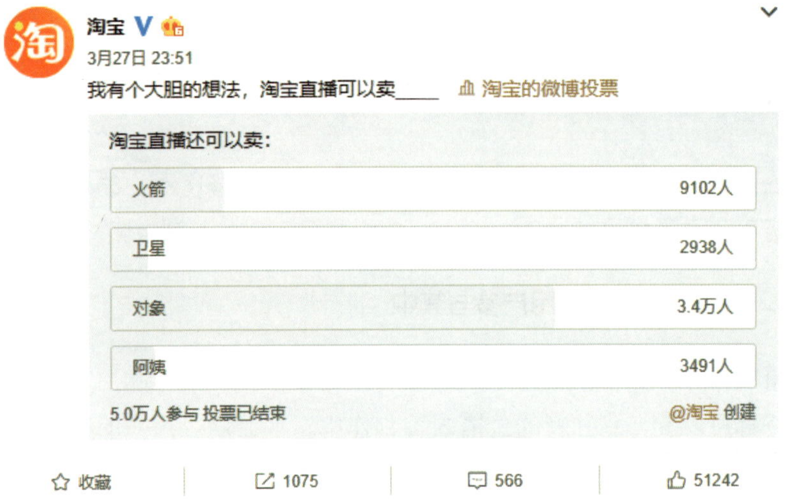

图4－2　淘宝的微博投票活动

另一种是在直播的现场进行调查。主播可以在直播间直接向用户提问，希望主播分享哪方面的内容，或者是总结出几个主题，现场发动用户投票决定，最终票数最多的主题就成为直播的主题。

3. 让用户参与直播产品体验

用户说好，才是真的好。主播可以寄一些样品给用户，让他们参与试用，并且邀请使用过产品的用户来到直播间，和其他用户分享自己使用时的亲身体验。如果是生鲜之类的产地直播，可以请产地的用户现场试吃，给其他用户讲解一下他们的感受。还可以定期邀请用户做客直播间，现场体验产品，用事实来说话。

4. 满足用户的需求

用户是有自己喜好的独立的个人，用户的需求是直播间首要的需求。在直播间，主播可以通过交流互动，满足用户提出的一些要求。例如，秀场主播可以开放点歌服务，让用户点自己想听的曲目。电竞主播在玩游戏的时候，可以让用户参与决定游戏角色、剧情、走哪一条路线等。服装定制的主播甚至可以让用户参与设计，先根据用户的要求修改和选择款式，然后进行打版，最后生产出用户喜欢的衣服。

5. 为不同用户留出直播互动时间

由于不同用户的工作时间、空闲时间、个人作息习惯不同，所以他们每天观看直播的时间段也不同。那么，主播可以根据不同用户的情况，为每一位有需求的用户预留属于他的直播时间。例如，一位育儿达人在直播的时候，会将自己的直播时间按照用户的特点分成不同的专题来进行。下午 3～5 点，一般孕妇和 1 岁以内宝贝的家长会在家，她就会分享养育这个年龄段孩子的相关知识，而晚上 7～8 点，就分享 3～6 岁孩子的养育知识。这样就把用户划分得更加精准，更有利于互动沟通，分享的内容也更受用户的欢迎。

九、如何选择合适的爆款直播产品

选品，是电商主播工作中非常重要的一部分。对直播产品的选择不仅直接决定了直播间的整体风格以及主播的服饰、妆容定位，还直接影响直播最终的转化效果。那么，如何才能选择到合适的爆款直播产品呢？

1. 选日常消耗品

日常消耗品是指生活必需品，如果性价比高，用户一定会购买，而对于非必需品，大多数人则是出于冲动或别的原因而进行消费的。因此，选择日化类、食品类、小家电等生活必需品是比较容易出爆款的，这点在各大直播平台上也已经得到印证。例如，柳岩入驻快手的首次直播“岩值爆表 · 宠粉节”主要有 18 款产品，都是一些日常生活用品，如吸尘器、剃须刀、牙膏、洗发水、面膜、洗面奶等，几乎每一件产品都被瞬间秒光，可见用户的消费能力是多么强大。

2. 选择火爆的类目

在淘宝直播平台上，最火爆的类目是美妆、女装、美食，这三大类目占了平台的大部分销售额，因为在购物这一方面，年轻女性绝对是消费的主力，而直播可以更全面地展示这些产品，给用户更加真实的体验感。因此，优先选择这些类目的产品，热销的可能性就会比较大。

3. 选应季类产品

选择直播产品的时候可以考虑应季类产品，即为当前季节所需要的产品。例如，冬天的羽绒服、夏天的凉鞋等，这些服饰鞋包之类的产品，季节性非常强。应季类产品可以利用用户应季的购买需求产生较好的转化率。

4. 选行业内的头部品牌

大家都知道，头部品牌知名度高，质量有保证，售后服务有保障，可以说是自带流量，因此，如果要打造爆款，可以优先选择行业内的头部品牌。

5. 选择具备优质使用体验的产品

产品只有具备优质使用体验，才容易得到用户的认可。主播在选择产品的时候，一定要提前体验，充分了解产品的优缺点，这样在直播中才能更好地跟用户进行沟通交流，向用户分享产品体验的感受。

6. 选店铺的热销产品

店铺的热销产品，在质量、功能、使用寿命、价格等方面具有优势，选热销产品不仅可以保持爆款销量，维持店铺流量，还可以带动店铺里其他产品的销量。

7. 根据数据分析结果选产品

有一些数据分析的网站，可以帮助主播选择产品。例如，壁虎看看官网，点击右侧的“看榜单”，可以看到“直播带货榜”“热销商品榜”等分类，在这里可以分析并选择适合直播的产品。点击“热销商品榜”（如图4－3所示），就可以看到快手平台直播销量最高的产品，还可以从中得知产品名称、单价、来源、关联的直播和带货主播等信息。

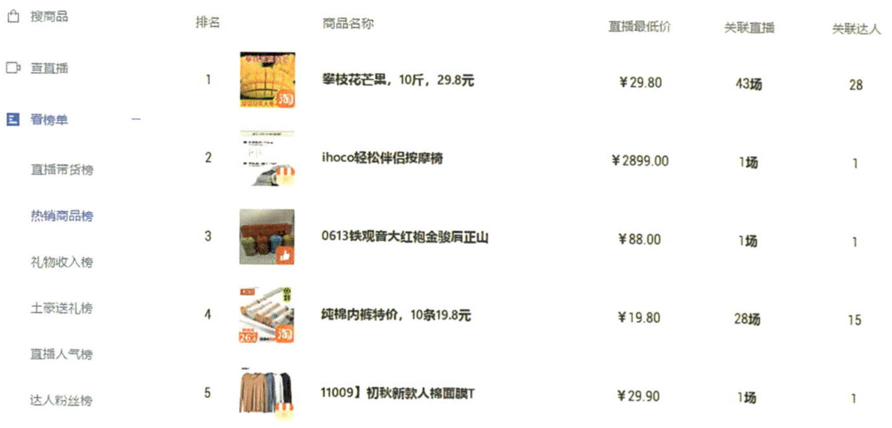

排名	商品名称	直播最低价	关联直播	关联达人
1	攀枝花芒果，10斤，29.8元	¥29.80	43场	28
2	ihoco轻松伴侣按摩椅	¥2899.00	1场	1
3	0613铁观音大红袍金骏眉正山	¥88.00	1场	1
4	纯棉内裤特价，10条19.8元	¥19.80	28场	15
5	11009】初秋新款人棉面膜T	¥29.90	1场	1

图 4－3　热销商品榜

十、使用 VR 技术呈现立体视觉效果

随着技术的发展，视频用户的要求越来越高，他们开始追求更好的视觉体验，而通过 VR 技术可以让用户体验更加真实的虚拟场景，看到立体的直播内容，进行 360°的全景体验，将直播的场景更加真实地呈现在用户面前，让用户可以主动选择想观看的内容，而不是被动地接受内容，使用户具有逼真的沉浸感。

VR 直播是虚拟现实与直播技术的结合。VR 也即虚拟现实，指利用电脑模拟三维空间，提供关于视觉、听觉等的模拟体验，让体验者身临其境地观察三维空间，体验不同于传统模式下的精彩视频内容。VR 直播可实现更多的交互。不过，VR 直播对设备的要求较高，普通的摄像难以满足其要求，需要使用全景拍摄设备捕捉多角度的画面。

很多大房企和房产中介平台已经开始在网上直播卖房，试水“云看房”，VR 售楼部上线，为购房者提供看房、选房、认购的一站式线上购房服务。其中的 VR 全景看房就是通过 VR 技术，呈现房屋的三维结构，还有户型、装修、内饰等房源 VR 实景，附带图像、模型、视频、音频以及结构化信息，可以让购房者看到房屋真实空间的尺寸、朝向、远近等深度信息，帮助其快速筛选房源。例如，点击安居客上的 VR 售楼部，选定房源，即可进入 VR 语音带看，十几秒后，经纪人进行语音连线，实时解答关于小区的学区、交通、物业等方面的疑问。

VR 技术在旅游行业中的应用也非常广泛，游客通过文字、图片、视频、旅游攻略等并不能直观地了解旅游目的地的具体情况，这种信息的不对称，往往会降低旅游带来的体验感。而 VR 全景则能够真实地展现出旅游目的地的画面，让游客产生身临其境的感觉，从而帮助他们在产品选择、线路规划等方面做出决策。VR 全景不单单在展示景点方面有着巨大的优势，在酒店预订、游轮预订等方面也发挥着重要的作用。例如，携程推出了 VR 全景看房服务，用户在搜索到目标酒店之后，只需要点击“360°”按钮，如图 4－4 所示，即可实现实时预览酒店环境，不放过任何一个角落，与传统的文字描述、图片介绍相比，显得更加真实，对于刺激消费欲望有直接的作用。

图 4－4　点击“360°”按钮

十一、如何提高直播的趣味性

直播间是一个开放的平台，用户会根据自己的感受随时更换直播间，因此，直播过程中的气氛非常重要，如果在直播的过程中能够保持趣味性，使直播间保持一种其乐融融的氛围，则有利于吸引用户的注意力。

1. 语言幽默

主播如果语言幽默，就可以有效地提高直播的趣味性。在介绍产品信息或者是讲解专业技能的时候，如果主播妙语连珠，时不时地穿插一些幽默的语言，直播间的气氛就会轻松愉悦，也更容易赢得用户的认可和关注。

2. 加入段子

讲段子是能够活跃直播间气氛的，在直播的过程中适当地加入段子，可以起到非常好的效果。例如，2020 年 4 月 6 日晚上“小朱配琦”为湖北在线带货，其中一位是李佳琦，另一位是朱广权。在直播一开始，朱广权段子手气质闪现，虽然自谦“初来乍到，技术不高，手艺不妙，请多关照”，但一开口介绍产品就镇住全场：“烟笼寒水月笼沙，不止东湖与樱花，门前风景雨来佳，还有莲藕鱼糕玉露茶，凤爪藕带热干面，米酒香菇小龙虾，手中金莲不自夸，赶紧下单买回家，买它买它就买它，热干面和小龙虾。”这还不算，介绍莲藕汤的时候，朱广权是这样说的：“情人过节送玫瑰，我觉得更应该送藕，因为佳‘藕’天成，单身的朋友也得买，因为无独有‘藕’。藕代表不会变心，因为奇变偶不变，符号看象限！所以吃了藕，海枯石烂心不变！”这场直播的两位主播，一个负责有趣的口播，一个负责把控节奏上链接，业务能力都很强，整场直播看下来趣味十足，直播间的用户也是非常热情，很多产品都是瞬间销售一空，手慢根本就抢不到。

3. 设计“神转折”

给直播的脚本设计一些转折点，形成反差，让用户不经意间会心一笑，从而起到活跃现场气氛的效果。例如，在某位美妆主播的直播间，聊到什么样的女孩比较美时，主播说了一句“爱笑的女孩运气都不会太差”，用户一片附和声，表示深有同感。这时，主播又补了一句“鱼尾纹也比较多”，可谓“神转折”，把话题巧妙地引导到了一款去皱效果极好的护肤品上。

4. 才艺展示

在直播中添加才艺展示环节，可以很快地活跃直播间的气氛。另外，主播也可以设置一些小节目，像唱歌、跳舞、表演杂技、讲笑话、说绕口令等。例如，2020 年 2 月 29 日，淘宝直播“深夜食堂”的火锅专场，海底捞的美食直播开始之前，海底捞的杂技小哥哥先介绍了门店情况，接着在调料区表演了一段颠球颠碗的才艺，提高了直播的趣味性。

5. 讲述产品的相关故事

很多产品都是有故事的，主播在介绍产品的时候，可以加入产品的品牌故事，或者是产品的相关故事，来吸引用户的关注。例如：主播在介绍一款篮球鞋的时候，可以这样说：“如果您经常看 NBA，就会知道这款鞋是篮球明星 ×× 在今年的赛场上穿过的战靴。而且它又是国际品牌旗下的产品，外形的设计充满了年轻活力与运动感，这款鞋子的配色是第一次出现在全明星赛场上，加上设计上又兼顾了美观和舒适，这款篮球鞋以这个价位出售，绝对是物有所值的。”

6. 直播歌曲的选择

音乐会对用户的情绪产生影响，一般情况下，主播都会播放一些流行音乐来调节直播间的气氛。这些歌曲的选择也非常重要，选择流行类、动感类、DJ（唱片骑师）类、搞笑类的歌曲，再加上一些特殊音效，可以有效地提高直播间的趣味性。切忌选择那些比较伤感、舒缓的歌曲，那会使直播间的气氛比较沉闷。

十二、企业应该如何进行直播营销

随着 5G 业务的发展，越来越多的企业加入直播大军。直播可以提高企业的曝光率，帮助企业加快营销，提高用户关注度，实现流量转化，降低企业营销成本。2020 年全球暴发新冠肺炎疫情，很多实体商家都受到了很大的冲击，而有的品牌却通过直播的方式实现了快速增长。根据财经网的报道，溜溜梅通过直播营销，逆势同比增长 264%，梦洁家纺天猫店销量同比提升 11%，中粮福临门通过淘宝直播等活动每天收获9000 名新客，因此，企业加入直播大军已经是刻不容缓的事情了。那么，企业应该如何开始直播营销呢？

1. 寻找主播带货

企业如果没有自己的直播间，又想在直播间销售产品，最简单也最常见的方法就是寻找主播带货。企业应该根据自己的实力、产品的特性和产品的目标客户群来选择合适的主播。母婴类的产品就选育儿达人来带货，而不是选择美妆达人，这样产品的转化率才会高。

一般情况下，粉丝量大的头部主播，收取产品的坑位费和佣金比较高，能够为粉丝争取的产品优惠力度也更大，粉丝也更容易冲动消费，因此，产品的转化率也很高。

2. 参与 PGC

PGC 即专业生产内容。它的生产者是专业人士或组织专业人士提供专业内容的内容输出者，例如：媒体平台的记者、编辑；学术领域的教授、研究学者；传媒领域的制片机构等。

PGC 直播要求高，投入成本大，像直播 PGC 入驻有一定的门槛要求，对机构的资质要求是：企业必须为独立法人，有固定办公场地，且为一般纳税人。公司注册时间应在 1 年以上，且从事广告、达人、自媒体、红人、电视、电影制作等相关业务 1 年以上。公司注册资金应大于等于 100 万元。

3. 组建直播团队

随着直播越来越火，直播团队的组建将成为企业营销的必要选择。一个完整的直播团队通常包含以下五类人：主播、场控、内容策划、数据运营和设计。其中主播非常重要，一定要注重 IP 的打造，也可以选择专业的优秀导购人员。在直播间需要突出品牌自身的优势。数据运营人员工作内容相对繁杂，需要把控与主播相关的所有事物，需要对接安排所有的工作，是统筹工作的核心人员。例如，直播的准备工作、直播的后台操作、直播数据的复盘、直播后的维护等，他们的工作贯穿整个直播过程。

4. 申请自己的直播间

各大直播平台的直播申请门槛都不高，尤其对于企业直播，只要企业销售的品类不在限制类目范围内，且经营状况良好，通常都能够顺利申请下来。因此，企业最好是申请并打造属于自己的直播间。

十三、教育直播如何实现对传统教育模式的颠覆

随着直播的持续发展，教育直播在网络直播热潮中具有市场前景，教育行业的特性使其与直播相当“般配”。我们都知道，在传统的教育模式中，教育资源分配不均，只有少数人能享受到优质的教育资源。而在线教育能够很好地弥补这个不足。

教育直播不同于在线视频，它不是简单地把教程呈现于直播平台上，而是通过技术手段和直播平台，搭建出真实的线上课堂。在课堂上，老师可以和学生实时互动，可以提出问题，可以根据学生的反馈情况及时调整课堂节奏。对于一些难点问题，老师可以更直观地看到反馈，并及时解决问题，从而避免学生听不懂，老师也不清楚的情况发生，这能大大提高课堂的效率。而且线上课堂是开放式的，很多家长都可以看到课堂情况，有利于实时掌握和了解孩子的学习情况。

随着知识付费和直播的飞速发展，很多专家学者也都加入了公益直播的行列，这大大促进了教育直播的发展。清华控股旗下的金融教育直播平台至道教育，邀请清华名师和校友一起推出了直播公益讲堂，为广大学友献上了丰盛的知识大餐。

高考是很多人一生的重要转折点，为了帮助考生更好地进行备考，缓解压力带来的焦虑等情绪，新东方集结20多位高考名师，专门打造了针对考生冲刺阶段复习备考的全学科公益直播课程“2020高考要赢高考冲刺！新东方全明星考前点拨LIVE课堂”，涵盖了包括语文、数学、英语、物理、化学、

生物、地理、历史、政治在内的所有高考科目，为考生赢得高考助一臂之力。该课程于2020年3月16日晚正式开播，每周一、周三、周五按时进行直播。课程也在学习强国、央视频、优酷、B站等十余个平台同步上线。

新东方创始人俞敏洪在首堂直播课“高考的心理准备和英语学习方法论”上，通过自身的高考故事激励考生在最后阶段要全力以赴，把握住人生中的关键机遇，期望大家养成良好的习惯，摆正对高考的认知，以放松的心态对待高考。俞敏洪也向考生分享了自己归纳总结的英语听力、单词、翻译、写作等方面的学习方法，勉励考生学习英语要用心用功，熟能生巧。

这些直播课程的授课教师都是从全国的优秀高考教师中，通过推荐、投票等环节严格筛选出来的，大多毕业于清华、北大、北师大等国内名校，其中既有金牌教师、新东方学科带头人，也有新东方培训师和演讲师，很多教师都获得过所授学科的国家级奖项。

在没有直播的情况下，这些名师的课程很难和教育资源落后地区的学生见面，但是，现在只要有网络，这些名师就可以和所有有需要的学生面对面地交流，通过直播平台实时互动，解答学生提出的问题。

第五章

吸引和维护粉丝

一、从 0 到 100 万个粉丝，主播如何开发和维护粉丝

粉丝数量是直播变现的基础，主播的粉丝越多，流量推荐池的级别越高，变现的能力也就越强。作为新手主播，如何才能从零开始，快速拥有自己的粉丝呢？现在就给大家介绍六种最常用的方式。

1. 找亲戚朋友帮忙

这是很多新手主播开始时常常采用的方式，任何工作其实都离不开亲戚朋友的帮助，就像做保险工作一样，都是从身边的亲戚朋友开始开单的，如果碍于面子，一开始肯定很难打开市场。亲戚朋友来给你捧场，他们和你比较熟悉，也更容易互动、挖掘更多话题，会给你的直播间营造融洽的氛围，提高真实粉丝数量，从而使你迅速适应直播的形式。

2. 抓住来到直播间的每一位游客

新手主播一般没有熟悉的粉丝，完全靠自己去打拼，一般都是凭真诚待人，与粉丝多交流，进而获得他们的认可的。新手主播可以在直播的时候先做一番自我介绍，例如说自己是哪个地方的人，有哪些才艺，还是一个新手主播，请大家多多指教，还可以通过“欢迎某某进入直播间”“感谢某某对主播的支持”“没有关注主播的可以关注一下”“谢谢某某的关注”这一类的话语吸引游客关注你，尽可能地快速积累粉丝。另外，新手主播要经常跟粉丝互动，做做小游戏，回应弹幕，增加亲密度。如果粉丝通过弹幕跟你交流，你就要有一些回应，让粉丝找到存在感，他们才会不断地发弹幕跟你交流，你的直播间才会逐渐地火起来。

3. 固定的时间直播

成名的路是漫长的，需要通过长时间的积累，坚持在固定的时间进行直播，让粉丝形成一种依赖性，一到这个时间就会想起你的直播间。而一旦确定了直播时间，一定要坚持下去，避免粉丝在这个时间找不到你而进入其他直播间，从而造成粉丝的流失。作为新手主播，最好不要在很多大主播开播

的黄金时段进行直播，例如，21：00～23：00这一段时间，很多人都有空闲来看直播，也是很多头部主播开播的时间，新手主播如果想在这个时间段吸引新粉丝进入直播间，就会比较难。如果新手主播错开这个时间，牺牲自己的休息时间，在23：00～2：00进行直播的话，可能进直播间的人反而会更多。

4. 建立专用的直播通知群

新手主播可以申请一个新的微信号，还要尽快建立直播通知群，如果有粉丝要联系方式，可以邀请他加入你的粉丝团，然后拉进微信群里。你可以在专用的微信群里和粉丝互动，当有直播的时候，你也可以在群里通知粉丝几点要开播，这次直播的主要内容是什么，让大家来给你捧场，并且让群里的粉丝尽量多地点赞、评论和转发，这样对于账号的启动会非常有利。

5. 去别的直播间发弹幕

新手主播一开始可以多去别人的直播间，看看别的主播是如何直播的，有什么需要学习的地方。另外，也可以在别人的直播间发一些弹幕，和主播聊天。可以问主播一些问题，或者抛出一些搞笑的梗，以吸引主播读出你的评论，这样你就会被其他粉丝看到。如果你见解独到，妙语连珠，说的话质量比较高，就可能吸引到不少的粉丝。需要注意的是，不要去太火的大主播直播间，他们的评论刷得太快，基本很难看到你的评论。

6. 准备一套宣传话术

很多主播都会在直播间做一些宣传，引导进来的游客关注直播间，常用的一些话术如下。

宣传直播时间："非常感谢所有还停留在我直播间的哥哥姐姐们，我每天的直播时间是××点到××点，风雨不改，没点关注的记得点关注，点了关注的记得每天准时来看哦。"

宣传直播内容："我是×××，今天来给大家分享几个服装搭配的小技巧，学会了，你就可以每天都美美的哦。记得关注我，了解更多简单易上手的搭配技巧。"

还有一些拥有百万粉丝的大主播都在用的直播话术，例如："没有关注主播的，左上角点点关注，关注主播不迷路，主播带你上高速"，"关注点一点，主播爱你到永远"，"千山万水总是情，点个关注行不行"，等等。新手主播可以经常到其他直播间观看学习，看到经典的、有用的话语就记下来，然后融会贯通，慢慢地就成长起来了。

二、提高直播的流量和订阅量的方法有哪些

主播的收益和直播的流量（也就是直播间的人气）关系非常密切。人气越高的直播间，主播的收益越高。因此，新手主播一定要了解提高直播的流量和订阅量的方法。

1. 精心设计直播封面

游客进入直播广场第一眼看到的就是直播封面，因此，开播前要设计好直播封面，如果这个直播封面非常漂亮，看起来很合眼缘，游客可能就会有进直播间的欲望，反之，如果上传的直播封面不合格，或者是模糊的，就会影响到直播的曝光量。直播封面上最好有明显的关键词或标题，能让游客立刻产生兴趣，并进入直播间。

直播封面讲究整体搭配，如果背景杂乱无章、有多人合影等，就很难上热门。一般来讲，如果是颜值类直播，主播一般会请专业人士给自己做造型，拍摄艺术感较强的照片，要求五官清晰、图片唯美、能够突出个人亮点。如果是才艺类直播，可以使用表演才艺时的照片，带有明显的内容引导性，让游客了解你的直播方向是什么，吸引感兴趣的游客点击进去。如果是产品类直播，最好是选择自己店里点击量最高的产品主图作为直播封面。另外，广告、二维码等不相关内容，都不能出现在直播封面上。

2. 直播预告

直播预告非常重要，可以让大家知道你将在什么时候进行直播、直播内容是什么、亮点在哪里。除了在微博、微信等平台发布直播预告之外，在个人简介中告诉粉丝直播的具体时间，吸引他们观看，也是很不错的方法，如

图 5－1 所示。

图 5－1　直播预告

3. 提前发短视频引流

在直播前 3 个小时内发布抖音或快手等短视频，当开播的时候将会有更多的粉丝被短视频吸引到直播间。即使不是短视频平台的直播，这个时候发布短视频，也会让看到直播信息的粉丝增加，起到提醒粉丝来到相应直播间的作用。

4. 充分的直播时间

没有充分的时间做直播是很难积累粉丝的，要想增加直播的流量，需要一个长时间的积累过程，从具备一定基数的粉丝群当中，逐渐转化出优质的粉丝，也就是自己的铁杆粉丝，这些粉丝才是以后直播变现的主力军。

粉丝量会随着开播时间的延长而增长，每天的开播时间越长，曝光率就越高，路过直播间的人就越多，自然会有相应的粉丝留下来。长时间坚持不懈地开播，一定会获得更高的收益和意想不到的惊喜。

5. 真诚地对待每一位粉丝

要真诚地对待每一个愿意来看你的人。对每一位来直播间的粉丝，都要非常热情，让粉丝感觉到在你的直播间是受到重视的，争取把他们培养成为自己的铁杆粉丝。不要过于在乎直播间有多少人，现场有没有人刷礼物，即使你的直播间只有五六个人，也要按照准备的流程去表演才艺，勇敢地展示自己，在需要拉票的时候，仍然要放出充满激情的拉票歌曲，这样做不仅是对直播间里的粉丝的尊重，也会使直播间的人气越来越高。

6. 和其他主播 PK

主播要想获得更大的知名度，就要找其他主播 PK。要放下包袱，不要怕输，用轻松的心态去对待。在 PK 的时候，要不时提到自己和 PK 对象的礼物量相差多少，可以对粉丝说："你们快来帮帮我吧！"用求助的方式博得粉丝的同情，并且及时向刷礼物给自己的粉丝道谢。进行 PK 的时候，可以找一些粉丝比较多的中大主播，不要怕对方的粉丝比自己多，即便输了也没关系，获得收益就达到了目的。

例如，在抖音直播间进行 PK 操作的流程是：在直播间底部点击"更多连麦对战"，即可进入直播 PK 设置面板，点击选择倾向的对战模式，系统将根据选择自动匹配到目标主播。你也可以在面板左上角的"兴趣设置"中完善个人 PK 兴趣，这样匹配到的目标主播会更加有针对性。

7. 在其他主播的直播间发弹幕和刷礼物

在其他主播的直播间，尤其是同类别的主播的直播间发弹幕和刷礼物，也是一个不错的引流方式。可以选择人数不是太多的直播间，这样的直播间在公屏上发言的人不会太多，弹幕刷得不快，而且刷礼物的粉丝也会比较少，不需要你刷太贵的礼物。你的速度可以放慢一些，尽量让你的昵称在公屏上展示的时间长一些。

8. 想办法上热门

做直播一定要想尽办法让自己上热门，上了热门才会有不间断的流量进来。通常情况下，只要直播间有热度、有人气，就会上热门，刷礼物也容易上热门。如果你没有礼物，但粉丝一直在下面跟你互动，有人气、有粉丝、有互动，屏幕滚动快的话也会一直在热门上。还有，加入公会会比较好上热门，因为公会一般会推热门。

9. 付费推广

如果有足够的预算，可以适当地投入一些推广费用，这也是快速提升流量的好方法。例如，在快手的直播间，可以用“刷钱抢榜”的方式涨粉。就是去大主播的房间给大主播刷快币（10 快币 =1 元人民币），刷得多了，大主播就会遵守行规，引导在线粉丝去关注你。

在抖音的直播间投放 DOU +，投个一两百元就能够带来一些不错的精准直播流量。具体操作是：点开直播，点击右侧的“上热门”按钮，这时就会看到两个推广相关的选项“请选择下单金额”（10 抖音币 =1 元人民币）与“期望曝光时长”，如图 5 –2 所示，这两项会决定你的直播会被推广多久以及被多少人看到。

图 5 –2 投放 DOU +

三、主播迅速和游客交流的技巧

有的直播间气氛非常融洽，主播可以给粉丝带来有趣的内容，与粉丝在公屏上强力互动，保证每场直播内容的精彩节点，同时直播时间和时长都很稳定。而有的新手主播却独自呆坐在自己的直播间，看到游客来了又走，几乎没有几个粉丝。实际上，主播要迅速地和游客打招呼，建立联系，才能留住游客的脚步。

1. 热情地欢迎

热情地欢迎进入直播间的每一位游客。虽然你不知道哪一位游客会为你消费，但是你的热情是能够感染到其他人的，一个玩笑，一句问候都有可能成为游客留在你直播间的引子。留下来之后，才能慢慢地深入了解，才有可能转为粉丝。最常听到的主播打招呼的方式有："欢迎×××……，欢迎×××……，欢迎×××……"这种机械的打招呼方式，丝毫不能让游客感受到主播的情绪和态度，要避免采用这种打招呼方式。正确的方法是要让游客耳目一新，感觉自己被重视，例如，你可以这样说："×××，你的名字好有趣！""欢迎×××，你能来陪我一段时光我很开心！""×××，又见面了，你今天好吗？"同时，打招呼的时候可以配合使用一些夸张的微笑、双手比心、做惊喜状等，这样的效果会更好。

2. 迅速找到共同话题

共同话题是拉近与陌生人关系最快的方式。主播在开始与陌生人交流的时候，一定要尽快找到共同话题，可以是地理位置，教育背景，兴趣爱好，体育运动，喜欢的电影、电视剧、综艺节目，日常生活或者饮食习惯，这些话题都可以帮助你迅速找到与游客的共同点，并自然地引出话题，将这个共同点深聊下去，慢慢地就可以延伸到其他的话题。

3. 注重眼神交流

眼睛是心灵的窗口，眼睛是会说话的。我们在日常生活中和别人面对面聊天的时候，常常会直视对方的眼睛，或者是直视对方眼睛上方额头的位置，这样可以给人一种你尊重他，认真听他谈话的感觉，你所说的话也更容易被对方听进去。而主播在直播间直播的时候，是一个人对着摄像头，那么，这个时候就可以把摄像头看作你的观众，常看摄像头，因为当你眼睛看着摄像头的时候，观众会有一种你在直接看着他的感觉。主播一定要注意，在直播的时候，眼神交流也是很重要的一部分，做到声情并茂，肢体语言丰富，才能让观众有面对面近距离沟通的感觉。

四、如何实现精准有效地持续涨粉

直播间有了一定的粉丝之后，只是保证了最基本的流量，毕竟直播的行业竞争压力还是不小的。如何才能不断有新粉丝进来，实现精准有效地持续涨粉，是主播不得不考虑的问题。

1. 不随意更换昵称

主播在开始从事直播行业时，就要慎重考虑，设置好自己的昵称，不要随意更换。如果随意更换昵称，很可能导致你的粉丝搞不清楚你是不是他曾经熟悉的主播，甚至会因为记不清楚而取消对你的关注，这样就得不偿失了。

2. 下播后也要维护粉丝

在现实生活中，做过销售的朋友都明白，对自己的客户要经常进行维护，平时发发微信、打打电话关心一下，并在节假日的时候送一些礼物。有的厂家和公司逢年过节都会送礼品回馈老客户。对于主播来讲，微信、微博、QQ、贴吧都是线下维护粉丝的平台。主播平时不做直播的时候，可以通过这些途径给粉丝发一句问候，时不时地关心一下，这样能让粉丝有受重视的感觉。还可以主动推送一些福利、红包、优惠券给粉丝，这样不仅可实现粉丝维护，还可起到营销的作用。

3. 不断给粉丝惊喜

这些惊喜可以是主播的不断坚持，产出有深度、有内涵的直播内容，也可以是主播的小小改变。如果你整天面对的直播内容都没什么变化，主播也没有丝毫进步，你即使你非常喜欢这个主播，可能也会觉得索然无味。何况直播是个竞争非常激烈的行业，主播要坚持提高自己的水平。

4. 引导粉丝把直播间分享出去

主播每次开播的时候，要记得提醒粉丝关注主播，直播间是可以通过分享来增加人气和热度的，主播要记得提醒粉丝把直播间分享到朋友圈、QQ群里，这样就可以把外面的人慢慢地吸引到直播间来。

五、提高粉丝活跃度的五种实用方法

众所周知，在直播平台上，加强与粉丝的互动，提高粉丝活跃度是增加人气、获得平台支持的重要方法。那么，如何才能提高粉丝的活跃度呢？

1. 积极与粉丝互动

主播直播的时候要学会和粉丝互动，调动粉丝的情绪，调整整个直播间的氛围，让直播间的气氛活跃起来，让进入直播间的人都感觉到整个直播间很热闹、人气很高。主播要把注意力集中在公屏上，注意粉丝说的话，有选择性地去回答粉丝的问题，能回答的要快速回答，一时想不出如何答复的，哪怕是重复一下粉丝的原话也行，尽量不要忽视粉丝的提问。如果你无暇顾及公屏上的内容，可以让助理帮助你关注公屏上的内容。

另外，主播在直播时可以引导粉丝进行互动，例如说“喜欢我的朋友点击关注我一下”“喜欢我的朋友可以加一下我的粉丝群”“有心的朋友给我送一下心”等话语，一旦粉丝和你互动起来，平台就会认为这个直播间挺活跃，从而推送更多的流量给直播间，也更有利于主播聚拢人气。

2. 应变能力要强

主播在直播时，要做到眼疾手快嘴甜，时刻关注直播间的情况，根据具体问题及时调整直播的策略。例如，主播在唱歌的时候，如果发现人气下降得比较快，就要果断地换歌，换一首自己拿手的歌。如果是带货直播，若发现这一款产品的购买量不大，主播可以换款，换性价比较高的引流款，让直播间活跃起来。在粉丝进入直播间时，要及时说“欢迎”，有人给主播刷礼物时，不论数量多少，都要说“谢谢”。有人购买了产品时，要说“×××购买了××产品”，这样可以使粉丝产生从众心理。

3. 直播发红包

主播在直播的时候，可以在自己的直播间发发红包。例如，主播在快手直播时，发红包可以被“快指数”收录并推荐给用户，这样不但可以活跃气氛，还能在更多渠道推送你的直播。

4. 直播抽奖

直播抽奖是主播常用的营销方法之一，主播可以利用一些生活中大家喜闻乐见的物品作为礼物以吸引粉丝。刚开播的时候背景音乐可以轻柔一点，讲到二三十分钟时可以做一轮抽奖，让大家帮忙进行转发，让粉丝能够迅速互动起来，此时抽奖的音乐要欢快一些，以便调动大家的情绪。抽奖时间根据实际情况安排，如果直播间的气氛非常好，而且也收获了不少粉丝，可以过二三十分钟之后再进行下一轮抽奖，进而产生更好的出单效果，最后形成良性循环。

5. 多人小游戏互动

在直播间里，粉丝除了向主播提问、闲聊、看“秀”外，还可以一起玩很多互动小游戏，例如真心话大冒险、数三十、抢红包等。这些游戏都是多人参与，有奖也有罚。一般情况下，主播输了要接受粉丝提出的惩罚，粉丝输了要给主播送礼物，通过多人小游戏可以很好地活跃直播间的气氛。

六、给游客留下好印象的三种实用技巧

作为主播，一定想给进入直播间的每一位游客都留下好的、深刻的印象，下面就来介绍三种实用技巧。

1. 保持自己的良好形象

主播永远也无法预测，下一秒自己的直播间会进来什么样的游客，他是一般的过客呢，还是会成为自己的铁粉？因此，主播要认真对待每一次直播，不管你在生活中是什么样子的，一定要保证在每次直播的时候都有一个完美的形象。虽然没必要焚香沐浴，但是在直播前男主播要将头发和胡须收拾一下，女主播至少要化一个淡妆，对衣着也要有所讲究，尽量选择浅色系衣服。同时，直播间的背景也要保持整洁有序。

2. 多互动会倾听

如果主播希望给游客留下好的、深刻的印象，就要懂得和游客互动，即使是唱歌的主播，也要会聊天，多和游客互动。但如果有一半时间都是主播在说，游客又多半感觉不到很强的参与感，于是渐渐没了继续互动下去的欲望，所以主播也要懂得倾听。主播在和游客不断的互动中，能够了解游客的喜好。这样就有利于主播为游客提供更加个性化的服务，从而在游客的心中树立起良好的形象。

3. 多征求游客的意见

每个人都想得到别人的尊重，主播要想尽办法增强游客的成就感。因此，主播在和游客聊天的时候，可以多问一些征求游客意见的问题，例如："你们怎么看?""该怎么办?"让游客来回答问题，主播还可以对他们的回答进行赞美和肯定。游客在你这里找到了存在感和成就感，自然就更愿意和你聊天了。

七、如何培养忠实粉丝，让老粉带新粉

直播行业，是"一代新人换旧人"的行业，粉丝积累起来后还有可能流失。所以，要想成为大主播，绝非一朝一夕之功，需要通过长时间的积累，把一群不认识的人转化成为自己的粉丝。而且，要重视培养忠实粉丝，他们往往是捧主播的主力军，而且会源源不断地介绍新粉进来。

1. 私下多维护跟粉丝的关系

除了让粉丝关注你，还应该继续引导其添加你的微信或是其他的联系方式，进行长期的培养。如果是第一次进入直播间的人，一般不会马上送出很多礼物，因为他还不了解你，不熟悉你。多和粉丝保持联系，让他明白你的生活，让他更加熟悉你，这样他的存在感才会越来越强。

2. 尽量了解粉丝的情况

主播在和粉丝聊天的过程中，要多听多问少说，尽量记住每个粉丝的名字，多了解一下粉丝的生活及感情状况，并悄悄进行备注。设身处地地去为对方考虑，这样能够更好地融入对方的生活，成为对方的知心朋友。也只有这样，才能在直播时更好地与他们交流，留住他们。

3. 建立铁粉群

铁粉具有超强的活跃性和带动效果。主播可以筛选出自己的忠实粉丝，如经常给自己刷礼物的，或者是可能成为忠实粉丝的人群，将他们拉进一个微信群——铁粉群。在这个群里，主播要经常给予一些物质奖励和精神奖励。主播可以亲自到群里和铁粉进行互动，关心铁粉，倾听铁粉的心声，挖掘铁粉的痛点与需求，为他们创造价值。如果是知识分享类的主播，可以在这个群里讲一些干货知识，免费给这些铁粉福利。如果是带货主播，就要给这些铁粉一些专属的折扣，或者是其他的优惠福利，让这些铁粉成为自己最忠实的传播者。铁粉会告诉身边的人自己听了非常优秀的课，或者是发现了一位很好的主播，从而带来新粉。

主播还可以指导这些铁粉建立他们自己的微信群作为子群，然后告诉大家同步直播的参与方式，通过技术手段进行专属子群的同步直播。

4. 耐心回答粉丝的问题

对于主播来说，积极回答粉丝的提问，为粉丝出谋划策，是一种极好的赢得粉丝信任的方法。主播要带着诚恳的态度，坚持一切从粉丝出发，耐心对待粉丝。不管他们所提的问题是否与直播内容有关，是否与产品有关，都要尽自己最大的努力为他们解答问题，甚至是解决问题。这样，主播自然就能给粉丝留下很好的印象，和粉丝建立深厚的感情。从长远来看，这种做法能培养出一批忠实的粉丝，能为直播间带来稳定的消费群体，并起到口碑宣传的效果。

5. 常怀感恩之心

主播要珍惜自己的粉丝，感谢粉丝对自己的关怀和爱护，对于购买过产品的粉丝也要心中常存感激，感谢粉丝对自己的信任和支持，有了感激之情，才能使情感的纽带更加坚韧，也才能为直播间营造更加和谐的氛围。粉丝感受到你的真诚和善意，才会更加主动地去进行宣传和推广，从而为你带来更多新的粉丝。

八、三种方法让新粉丝快速信任你

在网络上如果想让其他人追随你，最基本的要求就是建立信任感，只有信任你，他们才会听从你的建议，听进去你推荐的产品。我们来了解以下三种让新粉丝快速信任你的方法。

1. 激发共鸣

平时我们和朋友聊天的时候，在说起类似的经历，或者是共同的境遇时，都觉得深有同感，越说越觉得有说不完的话。其实，如果主播在直播间和自己的粉丝互动时，能够快速地让新粉丝觉得有同感，你的话都说到他的心坎里了，他自然也会感觉你是可以信任的朋友。也就是说，让新粉丝快速信任你的最简单、最有效的方法就是激发共鸣。

寻找和陌生人的共鸣，方法之一是看看有没有共同的身份、共同的遭遇等，相同身份的人可能会遇到相同的问题，如果你对这个问题有自己的心得与经验，就非常容易吸引同类人的关注。例如，同样身为家长，就可能会遇到孩子不好好写作业、粗心马虎、注意力不集中、写字不好看、喜欢打游戏等问题，妥善解决这些问题自然会引起一部分家长的共鸣。

2. 展现专业素质

网络营销很大程度上都是在打造信任，一旦有了信任，你向粉丝推广任何产品，都很容易成交。因此，直播间的布置要显示出专业性。例如，李佳琦直播间有一面巨大的口红墙，2000 多支口红按照品牌和系列进行归类整理，李佳琦的小助理能在几秒钟之内找到粉丝报出的任何色号。另外，在直播中，当有粉丝在公屏上询问相关的问题时，要快速准确地给予专业的回答，让粉丝在和你的沟通中有收获，进而对你介绍的产品产生信任感。

3. 展示权威见证

权威见证就是用权威机构的检测证书、专利证书、获奖证书来做见证，在直播间展示这些权威资料，就是间接告诉粉丝我们的产品是值得信赖的。此外，消费者都有从众心理，如果粉丝看到有很多人购买，或者是有很多人反馈说用得好，他们就会对产品产生信任感。

九、如何实现多平台分享，快速扩大影响力

作为一名主播，除了把自己的直播内容做得越来越棒之外，让更多的人看到你的直播间也是很重要的一个方面。主播应该培养自己的分享习惯，在各个社交平台分享直播链接，这样才能尽可能地吸收各方面的粉丝。

直播话题可以分享到多个平台，例如：分享给微信好友和微信群，分享到朋友圈，分享给 QQ 好友和 QQ 群，分享到 QQ 空间。其分享方式非常简单，只需在直播间点击分享链接，在打开的页面选择要分享的平台就可以了。例如，在淘宝直播间，点击视频底部的分享链接，即可打开如图 5 – 3 所示的分享页面，直接选择需要分享的平台即可。此外可以直接复制链接，生成淘长图或二维码等。

推广人员可以将能生成直播话题的二维码放在文章或海报里，把链接作为微信公众号文章的内容超链接、阅读原文链接，嵌入微信公众号、App、自己的网站等任何粉丝可以点击的地方。粉丝点击链接后，即可自动进入直播间观看，一条链接可覆盖多个群，且直播间人数没有上限，支持上千万人

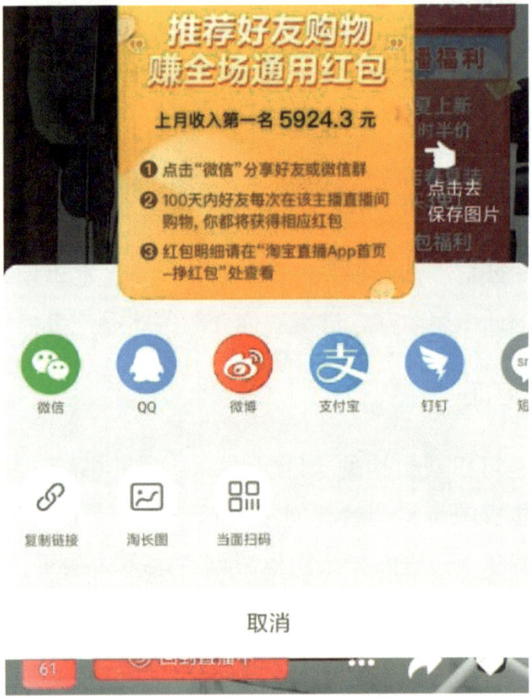

图 5－3 淘宝直播间的分享页面

同时在线观看直播。

除了直接分享之外，推广人员还可以将直播视频进行剪辑，发布在抖音、快手等短视频平台上进行引流，也可以发布在今日头条、百家号、企鹅号、大鱼号等自媒体平台上，扩大知名度和积累粉丝。

曾经有一位主播，在运营团队的努力下，将自己录制的视频在各个平台上进行同步分享，仅仅 1 个月，全网视频总播放量便超 4000 万次，全网增粉 30 万个以上。

十、如何通过爆款短视频精准引流

短视频的流量非常大，也是最受各大平台欢迎的。很多主播下播之后，都选择在短视频平台进行自己的二次曝光。但是，通过短视频来引流有一个根本性的问题，就是这个短视频要成为爆款，播放量要大、要能上热门，否则，短视频引流的效果会非常不明显。

1. 一定要保证原创度

抖音和快手等有名的短视频平台都非常明确地提出，鼓励用户拍摄原创视频，无论是搞笑段子还是才艺展示，只要是原创的就有上热门的可能性。这个对于主播来说都是小问题，主播一般都是善于拍摄原创视频的。例如，一位卖女装的主播，她就经常自己摆造型，拍一些穿搭示范短视频，或者是拍打包发货现场，营造出生意很好的氛围。虽然涨粉不太快，但是来的一般都是精准粉，非常有价值。

2. 创作优质内容

短视频的创作虽然有一定的技巧，但是最根本的一点还是创作优质内容，持续输出有价值的垂直短视频内容，内容之间最好有连续性。

3. 使用拍摄技巧

在短视频的拍摄过程中，可以使用 App 自带的一些功能和特效。例如，拍抖音短视频的时候，尽量使用抖音短视频 App 直接拍摄，并且多用 App 里面提供的快录、慢放、回放、倒放等功能，再加入 App 提供的滤镜、道具等特效，则更有可能被抖音短视频 App 平台推送给更多的用户。

4. 参加当下的热门挑战

参加挑战的短视频要符合挑战的内容，尤其是抖音小助手发布的热门挑战，这些被推荐的概率会非常高。例如，抖音小助手发布了表情模仿大挑战，可以点击后面的“参加”按钮参加，如图 5－4 所示。根据 App 的提示，进行表情模仿，发布相关的视频。

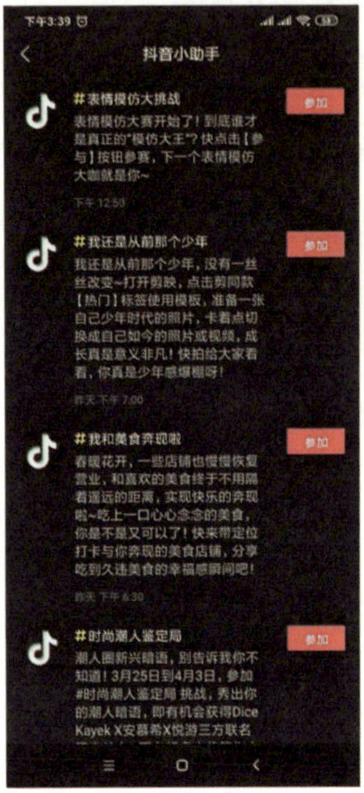

图 5－4　抖音小助手上的热门挑战

5. 选择合适的发布时间

一般来讲，短视频的流量较多的时间段有三个。6：00～8：00，很多人都喜欢在早上起床之后刷一会短视频。工作日 12：00～14：00 和 21：00～24：00，这也是短视频用户在线人数较多的时间段。另外，周五的晚上以及周末也是玩短视频的高峰期，这几个时间段都是用户比较活跃的时间段，在这些时间段发布短视频，看到的用户会多一些。如果想要让推送的人群更精准，还可以做一个初步的用户画像，根据不同用户的使用习惯来决定发布时间。

6. 合理利用@功能

发布短视频的时候多@一些相关的人，在抖音中@表示提醒，@谁就表示提醒谁来看你的视频，@抖音小助手就会有关于你的视频的前期推送。如果你的视频内容和某一明星或网红有关，也可以在文字输入区域@一下这个明星或者网红的抖音号，这样如果对方转发你的视频，你的播放量就可能很快上去了。如果你有其他账号的话，发布短视频的时候一定要@其他账号，这样可以让其他账号来转发或评论这个视频，提高视频的活跃度。

7. 诱导用户为短视频点赞

短视频发布之后，会先推送给一部分用户，如果点赞的人多了，平台会认为这个视频是优质视频，这个视频就可能会被顶到热门之上，让更多的用户看到，从而提高视频的曝光量。

十一、如何通过微信群、QQ 群精准引流

在互联网时代，社群营销已经成为营销的一种重要方式。社群其实也是非常精准的数据库，同一个群中的人，通常都对某一事物有共同爱好或者共同需求，因此，合理利用群进行推广，往往能收到比较好的营销效果。微信群和 QQ 群都是很好的社群营销载体，那么，我们如何利用它们为直播引流呢？

1. 尽可能多地加群

在加群之前，首先要根据从事的行业确定自己的目标用户群是哪些，主要在哪些群里。例如，如果你从事的是新媒体创业培训工作，那么目标用户群就是希望通过手机进行创业的人，这样就可以通过“新媒体”“短视频”这类关键词查找相关的 QQ 群进行添加。

微信群并不像 QQ 群那样，搜索感兴趣的话题或群号就可以添加，而是采用扫二维码的方式添加。你可以在百度上搜索“微信群”，这样可以查到很多的平台网站，你也可以去相关的网站、论坛搜索，或去微博、微信公众号上搜索微信群，也会找到很多别人留下的微信群二维码，扫一扫就可以进群。如果超过 7 天该二维码就会失效，或者超过 100 人之后就不能扫进去。这时你需要添加群主的微信号，让群主拉你进群。

2. 加群必过技巧

有的管理员为了防止一些同行加群，来群里发广告，或者是加他的粉丝，会设置需要验证才能加群，这时，如果要通过验证，就需要进行设置。例如，你如果要加郑州的亲子群，那最好对群头像、群签名、群所在地区等信息做相应的修改。头像最好是用小孩的，或者是和小孩的合影，所在地区要设置为郑州，写申请理由的时候也要以妈妈的语气说明是为了学习育儿经验等，这样一般都能通过。

3. 自己建群

建立一个群，自己做群主，就可以对群拥有绝对的控制权。而且，群主在群里会有一定的威信，用户忠诚度更高、信任度更高，成交率自然也更高。建 QQ 群和微信群都很简单。以微信群为例，打开手机微信，点击右上角的“+”，再点击“发起群聊”，如图 5－5 所示，就可以拉你的朋友入群了。你的朋友也可以把他的朋友拉进来，这样就能成为一个较大的微信群。你也可以选择面对面地建群，设置一个密码，附近的人都可以输入这个密码进群，从而快速建立一个微信群。

4. 跟别人换群

做营销的人一般都会有多个微信群，和别人换群是一个快速拥有几千个粉丝的方法。首先你自己建几个微信群，然后和其他拥有微信群的群主商量，互相拉到彼此的微信群里，再加对方群里的人。但是通过这种方法加的粉丝质量不高，需要后期多多维护。

5. 树立行业达人的形象

不管是从事哪一行业，都要掌握相应的专业知识，这样当有人在群里询问相关的问题时，你才能准确回答，并快速赢得别人的信任。例如，在家庭教育指导群里，如果有家长咨询孩子的一些问题，群主要快速专业地进行回答，这样才能树立行业达人形象，赢得大家的信任。

图 5－5　发起群聊

6. 提高社群的活跃度

社群建立起来之后，如果没有人维护，很容易就会变成无人说话的死群。那么，如何维护才能提高社群的活跃度呢？首先，要保证社群不断有新人进来，管理员可以通过定期发红包，持续在群里分享价值，给予拉来新人的群成员福利等方法，让新人源源不断地进来。其次，要找准目标用户，针对不同用户的需求，不断测试转化效果。

在管理社群的过程中，管理员尽量不要使用深奥难懂的专业术语，应尽可能用轻松活泼的语言与群成员交流，这样能够有效地拉近自己与群成员之间的距离，营造一种轻松融洽的社群氛围。此外，管理员还可以给群成员发放优惠券等福利，引导群成员去关注直播间。

7. 建立社群管理规则

任何群体都需要规矩，“没有规矩，不成方圆”。社群也要有一定的管理规则，也就是说要有统一、严格、被高度认可的群规。例如，遇到发广告者就要踢出群等。否则，你的群很可能成为广告者的乐园，也会使真正想要在群里获得价值的群成员因为心生厌恶而退群。

十二、如何通过博客、微博引流

不少朋友都有自己的博客和微博，博客是一个开放式的信息平台，“微博”是微型博客的简称，即一句话博客。一般情况下，更新的微博内容不超过140个字符，与版面设置功能强大的博客相比，微博的内容更加简短，发布更为随意，尤其适用于用手机上网的人。博客和微博都可以用来展示公司或个人的信息，可以成为主播与潜在用户的沟通渠道。

新浪博客是中国门户网站之一新浪网的网络日志频道，具有较高人气。它拥有娱乐明星博客、名人博客、情感博客和草根博客等，首页如图5－6所示。

图5－6　新浪博客主页

微博非常重视时效性，更新速度非常快，发布一条新微博，瞬间就能传播给所有的粉丝，经过短时间转发就可以抵达微博世界的每一个角落。一条微博如果在3分钟之内没有得到关注，就会被其他人发的新微博淹没。

在微博上要多发一些精彩的原创段子，可以发一些能够和粉丝进行沟通和交流的话题。例如，一个做美妆分享的微博，不要总是告诉粉丝应该怎样做，而应多发一些问题性的内容，问粉丝他们平时有没有注意到这种问题，让粉丝有和你交流的话题。形成自己的微博风格非常重要，这样可以吸引和你有相同想法和兴趣的人关注你。

微博互动营销很重要的一点就是要主动与别人进行互动。要分享一些好玩、有趣的内容给粉丝，尤其是与自己的形象、气质相符的内容。要积极@别人并对其进行回复、转发、评论、点赞等，当别人@你后，你也要及时回复他们，并进行转发，这样更能调动粉丝互动的积极性。

在微博上还可以非常方便地开展一些活动，利用活动来提高粉丝的活跃度。例如转发有奖活动，只需转发和评论某一微博，即有机会获得丰厚的礼品，如图5－7所示。又如专享价活动，这是针对自己的铁粉经常要做的活动，活动价格要比直播的价格更低一些。这些都是提高粉丝活跃度的有效办法。

图5－7　转发有奖活动

十三、如何通过微信公众平台推广、引流

微信公众平台是一种主流的线上线下微信互动营销载体。主播可在微信公众平台上，使用文字、图片、语音、视频等和粉丝进行沟通、互动，从而增强个人影响力。例如，主播可以发布一些自己的心情日记，或是分享一些好的音乐、贴上自己的美图，然后推送给粉丝，就能起到很好的互动作用。

下面主要介绍一下微信公众平台的使用方法。

1. 登录

在微信公众平台登录界面中，在右上角的登录窗口，如图5－8所示，填入自己的账号和密码，然后点击“登录”按钮，即可成功登录微信公众平台进行编辑。

图5－8　微信公众平台登录界面

2. 新建图文消息

在微信公众平台管理页面的左侧点击“素材管理”，在打开的素材管理页面中点击“新建图文消息”按钮，如图5－9所示。

图5－9 点击“新建图文消息”按钮

3. 编辑文章内容

在新建图文消息页面的文本框中可以编辑文章内容，如图5－10所示。在这里可以插入图片，导入视频、音频等文件，编辑完成后，点击“保存”按钮即可保存，点击“预览”按钮即可预览，点击“保存并群发”按钮，即可将编辑好的文章群发给粉丝。

图5－10 编辑文章内容

微信公众平台图文消息的阅读量，是微信公众平台运营者最关心的问题，因为，只有粉丝打开看了，才能达到营销推广的目的。那么，如何才能提高微信公众平台图文消息的阅读量呢？

（1）提高内容的价值。

要想提高阅读量，微信公众平台的内容是重中之重。尽量避免那些纯粹的广告，多推送有价值的内容，这会让你的粉丝养成习惯，并一直有所期待。

（2）有吸引力的标题。

标题非常重要，因为粉丝第一眼看到的是标题，如果标题的吸引力不够，粉丝往往就不会打开这篇文章进行阅读。如果标题非常有特色、非常吸引人，粉丝就会有想要阅读的冲动。但是需要注意的是，千万不要为了吸引粉丝而去设置一些误导性标题，和真实的内容牛头不对马嘴，这样做可能会得不偿失，甚至导致严重掉粉。

（3）图文并茂。

图片对人的吸引力是远远超过文字的，适当配图可以极大地增强文字的表现力，好的封面图片可以增加阅读量。配图时要注意主色调统一、风格统一、尺寸统一，微信给出的标准是 720dpi × 400dpi，在粉丝接收时，配图上下部会被部分遮蔽，所以，重要信息尽量集中在图片中间部分。

（4）增强互动性。

互动对于经营粉丝有着极其重要的作用。微信公众平台的运营者要经常关注评论区，和留言的粉丝进行互动。并且，经常策划一些有奖互动活动，准备一些和直播相关的福利奖品，带给粉丝一定的利益，这是增强与粉丝的互动性、提高平台活跃度最有效的方法。

十四、如何写出高质量软文进行推广

软文推广是一种比较常见的营销推广方式，硬性广告一般会令用户感到厌烦，而软文则能巧妙地将广告融合在故事、案例、新闻等可读性比较强的内容中，让用户从标题和文章中都感觉不到是广告，从而达到润物细无声的传播效果。软文引流需要注意相关性，软文需要投放到目标用户比较活跃的平台上，否则推广效果就会大打折扣。

在直播营销中，软文推广也是不可缺少的。通过软文增加的粉丝也是最精准、黏性最高的。很多有影响力的头部主播都有专门的营销团队，写一些关于主播的成功励志故事，然后发布到不同的平台进行推广。在进行直播之前，营销团队往往还会发一些关于直播产品的软文。发完软文之后的分析总结也是非常重要的。例如，分析一下哪一类软文更受用户的欢迎，软文发布到哪个平台效果最好，为什么有的软文没有取得预期效果，等等。如果在平时的推广过程中多总结并积累经验，就能够使软文推广效果越来越好。

软文的主要形式有经验分享式软文、故事嵌入式软文、新闻报道式软文、制造悬念式软文、情感渗透式软文、恐吓式软文、促销式软文等，下面分别进行具体的介绍。

1. 经验分享式软文

在一些专业论坛写文章，介绍自己对行业的理解、看法，或者分享自己实操的一些案例，就会有很多感兴趣的人加你的微信号。有个做自媒体营销推广的主播，一篇原创文章一天引来了2000个粉丝的关注。又如，看到《传统实体店也能做直播，2小时卖货20万件，这3点经验比薇娅还接地气》这样的文章标题，有意做直播卖货的读者，就会忍不住点开了解一下。

2. 故事嵌入式软文

这类软文会通过事件、故事吸引受众，塑造人物形象，用事例说话，在不经意间插进广告信息进而达到宣传的目的。例如《我辞去月薪3000的工作之后……》，这篇软文讲述一位普通农村女孩因为直播走上了财富自由道路的故事，文中引入她直播的产品，由于人物形象塑造得比较成功，给人一种信任感，她直播的产品受到了粉丝的追捧。

3. 新闻报道式软文

一些公司大事、公益事业，可以通过这种软文形式来进行发布。例如，2020年春节新冠肺炎疫情期间，很多在线教育平台免费向学生开通直播课程，这些新闻报道式软文在一定程度上将在线教育推向了新的高度。

4. 制造悬念式软文

制造悬念式软文也称作“设问式软文”。核心是提出一个问题，制造悬念，先引起读者的好奇，然后围绕这个问题自问自答。例如《听话的小孩真的是好的吗?》《怎样才能让孩子远离电子产品呢?》等，当读者看到这些软文时，就会想知道答案到底是什么，从而起到营销推广的作用。

5. 情感渗透式软文

情感一直是广告的一个重要媒介，很多用户购买产品是为了满足感情上的需求，所以在软文中情感的交流更容易打动用户。例如《童年看过的动画片，你看过几部》《风靡小时候的19种高科技玩具》等，看到这样的标题，就会有一种怀旧的情感促使读者打开页面一探究竟。

6. 恐吓式软文

恐吓式软文要抓住用户的痛点，让他们感到恐惧，从而使他们因为害怕而购买产品。这种软文要把握一个度，要在引起用户足够的重视并且戳到其痛处的同时又不让他们反感。例如《癌症是“省”出来的!》《听了肿瘤学专家这几句话，希望你能醒悟!》。

7. 促销式软文

促销式软文对于有需求的用户来说非常有效，能够打动用户，让用户产生购买的欲望。例如《促消费百日活动来了，让利近亿元!》《一折秒杀你的春夏鞋柜!》，看到这样的软文标题，你是不是很想点开仔细看一看。

十五、如何在微信朋友圈推广，使可信度更高

在移动互联网时代，几乎每个人都有微信，微信朋友圈也是朋友之间了解近况最常用的工具。而且，与陌生人相比，微信好友会更加关注你的行为，因此，微信朋友圈也就成为营销推广的一个阵地，微信朋友圈使用好了，粉丝的黏性会非常高。那么，在微信朋友圈的推广有哪些需要注意的地方呢?

1. 微信号的相关设置

微信的昵称可以直接用自己直播的昵称，最好不要换来换去，个性签名最好也和直播账号保持一致，头像可以用直播的封面照片。

带货主播的个性签名可以将产品关键词和联系方式写在上面。在产品很多的情况下，把主营业务或者核心产品写上去即可，写太多会给人不专一的感觉。

2. 打造专业形象

在微信朋友圈分享一些专业知识，打造专业形象，分享行业干货，可以展示自己的专业性。例如：美容行业主播可以分享护肤的小知识，教育行业主播可以分享提高成绩的技巧等。

3. 晒用户评价

推介产品，无论你说得再好，都没有使用过的人的好评有效，可以在微信朋友圈晒一些用户评价、与用户聊天的截图、真实数据、收款截图、使用效果图等，这些都会起到很好的营销效果。

4. 微信的隐私设置

建议把微信号所有的隐私项都打开，让大家可以通过附近的人、手机号、QQ号、微信号等渠道找到你，方便你进行营销推广。在“允许朋友查看朋友圈的范围”这一项，最好是选择“全部”选项，如图 5－11 所示。

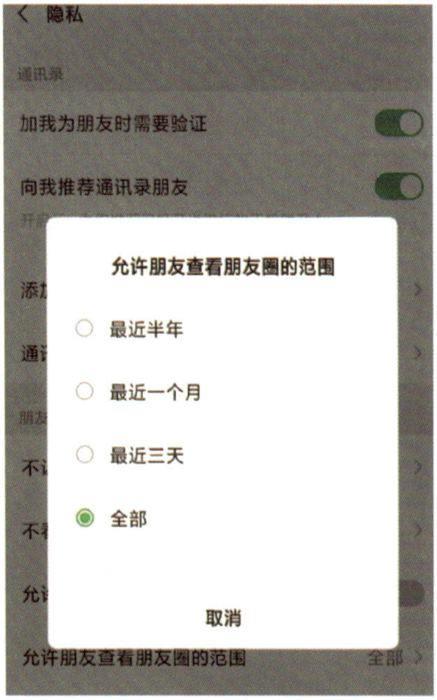

图 5－11　微信的隐私设置

5. 微信朋友圈封面

微信朋友圈封面是很容易被人忽视的地方，这个地方是一个高曝光率的广告位，无论是陌生人还是朋友都能看到，因此要充分利用起来。主播可以放上直播间的宣传照片，给人的感觉会非常好。

6. 微信朋友圈内容

微信朋友圈的内容非常重要，主播要根据自己的定位来发，一定要有特色，不能想起来发什么就发什么，今天发鸡汤文，明天发搞笑段子。如果内容不聚焦，用户就无法识别出你到底是干什么的。才艺类主播可以多发一些自己的自拍照，以及自己直播期间的花絮；知识分享类主播则可以发一些自己擅长领域的专业文章，就能起到很好的宣传作用。

7. 微信朋友圈裂变活动

在微信朋友圈能很方便地进行一些裂变活动。例如，在微信朋友圈发布一个活动，把一段文字和直播间链接以及图片发布出去，让好友进行转发和点赞，转发之后将截图发给客服就可以领到精美礼物一份，或者是直播间的优惠券 50 元等，这就是一种优惠裂变。要发动群众的力量，你发一条信息到微信朋友圈，你的好友再把这条信息转发到他的微信朋友圈，他的好友再转发出去，就可以达到很好的传播效果。

8. 避免过度营销

在微信朋友圈营销中，有的人认为刷屏就能卖东西，经常频繁地发一些广告信息，结果往往是被拉黑、被删除。因此，在微信朋友圈发信息一定要注意适度的问题，重在互动沟通，只有形成信任感，用户才会相信你推广的东西。

十六、如何通过针对性强的论坛进行推广

论坛是人气聚集度很高的地方，集中了大量的精准客户，是一个很好的

营销传播平台。根据论坛的不同性质，可以有不同的营销推广方式。

做营销推广的时候，往往需要找到和自己所推广的产品相对应的客户群所在的论坛，或者是相应的论坛版块进行信息投放，才能起到较好的效果。例如，你是做直播的，就需要在直播类论坛或者是综合论坛的直播版块进行推广，这样才能获得较好的回报。一定要选择人气旺的论坛，可以查看一下论坛每日在线会员的人数和每日新增帖子的个数来判断论坛的人气状况。另外，要尽量选择带有签名功能和能够发布链接地址的论坛，这更有利于营销推广。要进行论坛推广，首先要将自己选择的论坛收集起来，然后在这些论坛中注册相应的账号，昵称可以和自己的直播昵称一致，这样更有利于推广主播 IP。

通常情况下，在论坛进行营销推广要注意做到以下 4 点，才能收到比较好的效果。

1. 多发精华帖

精华帖就是论坛中质量比较好的帖子，版主为了使网友快速地分辨出帖子的好坏，会特意在这一类帖子上添加代表精华帖的标识。精华帖和普通帖所带来的流量差别是巨大的。要想成为精华帖，内容一定要有独特的价值，并且要符合论坛的要求。当你在某一个论坛中的精华帖越来越多时，你在这个论坛中的形象也就逐步树立，会有很多网友主动添加你为好友。

2. 养高等级账号

经常泡论坛的网友，一般都会有高等级的账号，有的论坛要求达到一定的等级之后才能发布带有链接的帖子。而且，论坛等级越高，越容易成为论坛意见领袖，所发布的帖子才能够对论坛成员产生更大的影响。

3. 多和网友互动

在论坛上，经常会看到有新手咨询各种各样的问题，这些问题或许十分简单，但是对于不懂的人而言却是十分困难的。遇到这样的问题，一定要积极回答。在论坛上发布帖子之后，如果有网友回复，一定要跟帖，多和网友交流互动，这样不仅可以和网友建立联系，而且能够更多地了解网友信息，为后面的营销变现做准备。

4. 发帖之后要及时维护

新发的帖子会出现在论坛页面上的靠前位置，如果发过的帖子不再关注，时间一长，很可能就被其他人发的新帖所覆盖。因此，发过的帖子要及时关注，当有人回帖提问题时，应该及时回答，如果没有人顶帖，也要再发一些新的内容，将自己的帖子顶到前面去。当然，你也可以用小号，或者是让自己团队的其他成员跟帖，以保证所发的帖子始终在论坛页面上的靠前位置，从而达到引流的效果。

十七、如何使用传统方法推广，获取大量观众

在直播平台上，观众永远都不嫌多，有了大量的观众，才会产生给你打赏的粉丝，而这些粉丝中只有极少数会成为主播的铁粉。所以，主播要尽可能多获取观众。

1. 地推

所谓地推，就是地面推广的意思。区别于线上推广，地推是需要人力现场去做的，成本相对会比较高，但是能够面对面地跟潜在用户接触交流，获取用户的方式比较简单。

在做地推之前，一定要做好用户画像，分析出用户的聚集地，选择一些人流量大的推广地点，如学校门口、公园门口、大型商场门口等。然后印一些带有自己二维码的宣传单或者是名片，带一些小礼物。例如，在公园里，关注主播可以送水、送气球；夏天到了，可以准备一些小扇子，上面印上二维码，关注主播就可以送小扇子。

2. 通过活动推广

通过举办一些大型活动，如周年庆典、门店升级、中秋节活动、元旦活动等感恩回馈活动，或是用节目、抽奖、扫码领奖等活动来吸引人群，奖品可以设置成优惠券、小礼物等。当然，优惠券上要有关于直播间的宣传内容。

例如，一位美妆主播在某一大型活动的现场分享自己的美妆护肤经验，与广大用户或者潜在用户进行现场交流互动，解答用户的问题，并且现场用户只要扫二维码就可以免费领取面膜、护肤品小样等，为直播间进行现场引流。

3. 线下课程分享

知识变现的主播，可以通过在线下组织课程，和辅导机构合作，利用他们的学员和场地举行相关讲座，在讲座中穿插介绍自己的联系方式、微信号和主播号。这样，一场讲座下来，主播可以收获不少比较精准的流量。

4. 诱导进店观众关注

如果主播本身就有店铺，那就很方便了，可以采用海报、宣传单等形式宣传直播内容，引导线下消费者关注直播。对于进店的每一位观众，主播都要想办法让其留下联系方式，加微信好友。可以运用优惠、促销活动等信息进行诱导关注，像服装店里的“关注减五元”等。加完微信后可以把他们拉进微信群，当有直播预告的时候，就在微信群通知，让他们去关注主播，观看直播。

5. 多参加聚会活动

多参加同城或者高质量的免费活动。例如，如果你是做亲子类直播分享的主播，可以多参加一些亲子活动，在参加活动的时候，可以为身边的人解答一些关于亲子教育的问题，树立自己的行业专家形象，吸引大家关注你的直播间。

十八、如何和名人合作推广

大家都知道名人的威力是很大的，如果主播被某位名人或者是头部主播推荐一下，就有可能会带来非常多的粉丝。那么，如何才能和名人合作呢？

1. 加入公会

在直播平台上，主播公会一般都是传媒公司运作的，传媒公司和直播平台合作，吸收、培养新手主播并将其输送到直播平台上。公会一般都有不少优秀的主播，其中不乏粉丝众多的头部主播，新手主播加入公会之后可以得到公会的培养、推广和扶持，也会得到被头部主播推荐的机会。

2. 关注并互动

通过微信、微博、抖音、快手等平台，寻找并关注名人，阅读他们的文章并进行简单互动，例如：评论、转发，或者@他们。如果你的评论很有见地，就有可能会得到对方的转发。

3. 采访名人

可以尝试邀请名人进行访谈，让他介绍一下自己的创业故事、产品故事，或者是近期的工作安排等。如果是直播访谈，可以直接邀请名人将直播间链接转发至微信、微博。如果是文字采访，可以将采访稿发布在各大自媒体平台，或者是投稿到各大网站，并邀请名人将其分享至他的社交平台上。

4. 创造线下见面机会

加入名人建立的粉丝群，参加他最近要举办或出席的付费活动，尽量提前半小时到场并在最前排就座，这样等活动结束的时候，你就可以找机会和名人近距离接触，介绍和推广自己的直播间或者是产品，并表明自己希望能够得到他的推荐和支持。

5. 广告合作

很多互联网上的名人都是接广告的，首先你要根据自己的需求，列出一定的筛选条件，根据名人擅长的领域、粉丝画像，选择自己需要的合作对象，如与自己擅长领域相关的有名气的新媒体高手、圈子红人、意见领袖和专家等，然后主动联系这些人，根据他们的广告报价，进行直接合作推广。

十九、如何实现直播的矩阵推广

“矩阵”原本是一个数学术语，它是指纵横排列的二维数据表格，最早来自方程组的系数及常数所构成的方阵，这一概念由19世纪英国数学家凯利提出。随着自媒体的兴起，矩阵的概念被从业者引进来。

早期，自媒体矩阵是指在多个平台，例如微信、微博、今日头条、百家号等搭建的账号集合。后来，随着单个自媒体平台影响力的提升，自媒体矩阵越来越多地被用来形容单一平台的多账号集合。这种矩阵的好处在于可以实现观众互通，当观众刷了同类型账号或加以关注之后，再次刷直播的时候被推荐到其他账号的概率就会增大，从而最大限度地发挥了矩阵效应，达到在短期内快速涨粉的目的。

直播矩阵怎么打造呢？通常有以下3种方法。

1. 家庭矩阵

家庭可以说是最为天然的矩阵，不同家庭成员分别申请相互联系的直播账号。例如，快手的红人主播二驴和驴嫂平荣就是夫妻俩，两人还经常去对方的直播间客串。

2. 品牌矩阵

很多品牌商家直接通过多家门店开启直播，形成品牌矩阵。例如，居然之家在全国范围内有超过308家门店开启直播，日均开播门店数为200多家。2020年2月15～21日，200多家门店共进行了4810场淘宝直播。

3. 团队矩阵

团队矩阵一般是公司化运作的，通常是打造风格一致的系列账号，然后通过主播介绍或者是互相客串实现导流。例如快手平台上辛巴的明星主播矩阵，辛巴一般会在直播间公开介绍新徒弟，给徒弟带粉。在2019年10月辛巴宣布收蛋蛋为徒弟时，曾号召粉丝去关注蛋蛋，为她2小时涨粉75万个，可以说是相当厉害。

第六章

商业运营

一、打造爆款的前期准备工作

一场高质量的直播离不开精心的准备，如直播脚本、场地、产品、直播间福利、广告宣传文案等都需要提前准备好。

1. 直播脚本

任何一场直播，都要提前写好直播脚本。直播脚本可以根据直播的主题进行撰写，例如：从什么人讲，讲什么产品，产品怎么摆放，如何展示产品，怎么演示，如何互动，如何发布礼品和展示优惠活动，如何营造热销的氛围，等等。

（1）确定产品播报顺序和播报时长。

根据准备播报的产品数量确定播报的顺序和播报每一件产品的时长。避免出现一件产品讲的时间过长，而另一件产品讲的时间过短的情况。另外，播报的时长要满足商家的要求才行。

（2）产品的卖点有哪些。

主播在直播前一定要深入了解将要讲解的产品的情况，对于不熟悉的产品，要提前罗列出其卖点有哪些，例如产品性能、产品试用情况、用户反馈、产品的品牌概况等，这样才能在直播中出口成章，让用户充分了解直播的产品，从而产生购买意愿。

（3）直播间的优惠有哪些。

主播要了解清楚，在直播间要展示哪些优惠活动和优惠信息，还要记录好每一件产品的优惠情况，以及厂家或者是公司给粉丝的其他福利。例如，直播间专享价，拍下立减多少钱，送优惠券，直播间购买有赠品，前 100 件秒杀价，限时限量的超高性价比产品，等等。在直播过程中，主播在什么时候抛出什么样的优惠措施，都要安排好、记录好。可以反复强调本次优惠仅限多长时间之类的，形成优惠紧迫感，从而促使用户踊跃下单。

2. 预热文案

一次成功的直播离不开提前预热，要提前建立粉丝群，并在粉丝群中发布直播预告。首先要设计预告文案，如福利方案和邀约话术等，将这次直播活动的主题和特色鲜明地展示出来，然后在微博、微信等平台发布，进行预热和引流。

例如，海尔直播的预热文案是：“海尔健康品质节，全民嗨购盛典”——3月13～14日看海尔健康品质节发布会，三重大礼抱回家！登录海尔智家App，好礼不停、惊喜不断！

3. 封面海报的制作、品牌形象的设计

封面海报的制作，品牌形象的设计，第一眼的印象非常重要，商家在活动前应将店铺视觉优化，形成统一的风格，在详情图里面也要加上一些活动利益点，促使用户下单。

4. 直播产品的准备

产品的质量会直接影响直播的效果，因此，一定要在直播前做好选品和品控的工作。在直播中，要根据产品需要介绍的时间，准备不同数量的产品。产品可以分为试用产品、演示产品、引流款产品、主推款产品、利润款产品等。

在预热期之前需要对活动当天或者活动期间的销售额及产品销量进行预估，有了预估，仓库就可以更好地提前准备起来，避免备货不足导致的售后问题或者备货过多导致的压仓问题。

二、如何通过热点和突发事件，蹭热度打造爆款

在飞速发展的网络时代，热点就意味着大量的关注和流量，学会追热点，就可以让你的直播跟着热点走，巧妙借势，这样既能吸引粉丝，也容易形成话题。

热点和突发事件都是网友极为关心的话题，将直播内容与当前的热点和突发事件相结合，能够提高网友的关注度，扩大直播内容的影响力。

2020年，一场突如其来的新冠肺炎疫情，让很多人开始思考什么才是真正健康的生活方式，健康成为影响用户购买产品的关键因素。洞察到疫

情之下大众的健康生活需求，海尔便从健康生活角度切入新品发布。2020年消费者群体宅家导致线上流量暴涨，海尔的六大产业联动打造网上直播。

3月13～14日，海尔以直播形式开启了“海尔健康品质节，全民嗨购盛典”的主题发布会，为新老用户实现全方位健康生活提供智慧健康场景。直播正式开启后，更多的亮点内容便集中在了直播本身。直播中颠覆单一的主播“种草”模式，而以专家科普、产品使用场景演绎等干货内容，配合限时秒杀、现场抽奖等福利内容，完成了由以“有用内容”吸引用户关注，向以“有利内容”刺激用户的转化。例如，海尔厨电针对用户对食品的健康需求，推出健康烹饪、健康无菌等健康厨房场景解决方案。活动一开始，智慧家烤箱就配合烘焙达人为大家献上美味的马卡龙。烘焙达人将挤好馅料的马卡龙饼坯放入烤箱，通过智慧菜谱中的一键马卡龙功能，整个烘焙过程即可自动完成，无须守着，烤出来的马卡龙不仅饱满，裙边也非常漂亮。不仅如此，烤箱还能够提供不同食材的多种烹饪方法，并且可以实现健康饮食的合理化菜谱推荐，满足用户味蕾和健康的双重需要。

除了呼吁“买买买”，海尔的直播还提醒用户关注健康生活。海尔的新品在带来新体验的同时，也带来了新的生活方式。

海尔洗衣机，带来“健康蒸服生活”：以往人们选择洗衣机往往只关注清洁功能，而海尔洗衣机则推出了微蒸汽空气洗的高温除菌功能，在清洁的基础上还能深度消毒。在防病菌、病毒的特殊时期，这样的功能无疑给人们打了一针强心剂。

海尔空调，创造“健康生活空间”：能除菌的不只是海尔洗衣机，还有海尔较受关注的56℃除菌空调，它也在直播中圈了不少健康生活粉。这款空调不仅能高温自洁，还能对空气进行紫外线杀菌。除霾除烟除病菌的实用功能，让其在越来越关注空气质量的人群中大获追捧。

从娱乐、清洁到休息，可以说六大产业新品从居家生活的方方面面入手，给用户带来智慧、健康的新生活方式，进一步提升了用户的生活品质。

其间，海尔的冰箱、洗衣机、空调、热水器、电视和厨电六大产业旗舰产品发布与品牌购物节同步开启。2天时间共进行了6场12小时的线上销售网络直播活动。通过天猫、京东、苏宁易购、海尔智家等大型商业网络销售商城和新浪微博、抖音等新媒体网络直播平台的营销推广，海尔本次活动共实现超 3 亿元的网络销售额、近 2 亿次的网络交互量。

三、直播中影响用户的心理学技巧有哪些

销售的过程，实际上是用户心理变化的过程，主播如果了解用户的一些心理，在直播的时候就可以有意识地让用户更容易接受自己介绍的产品。

1. 不要生硬地推销产品

对于用户的消费，可以引导，但是不要生硬地去推销。因为这种推销方式很容易让用户产生抗拒心理，使其变得更加谨慎，更加理性。因此，主播在介绍产品的时候，要采取一定的技巧和方法，首先要引起用户的兴趣，然后慢慢地加以引导，让用户意识到他需要这一产品，而不是你硬要推销给他的。

2. 激发用户的想象力

从心理学的角度看，一旦在人们的内心世界形成一种美好的愿望，他们是极其愿意接受实现这种愿望的途径的。对于同一个事物，不同的人会有不同的想象。在直播的时候，如果主播巧妙地进行描述，激发起用户的想象力，一旦用户感受到这个产品对他们是非常有用的，且性价比特别高，就会对后面的产品交易产生很大的促进作用。

3. 鼓励用户参与

参与是支持的前提，很多人都会倾向于支持亲自参与的活动或亲自创造的事物。因此，主播在直播间可以尽量多地鼓励用户参与直播的内容。例如，某一美食主播在直播饭店的菜品时，会让用户来点菜，然后进行具体的介绍。这样一来，用户会对他的直播更加感兴趣，去该饭店消费的欲望也会更强。

4. 少用专业术语

主播在直播间介绍产品的时候，应少用专业术语，因为大多数用户并不明白其中的意思，如果听不懂，就会产生抗拒心理，对产品和直播间失去兴

趣，从而影响产品的转化率。主播如果使用通俗易懂的话语，再加上幽默风趣的表达，不仅能够让用户听懂你的介绍，而且还可以使直播间气氛融洽，让用户感到舒适愉悦。例如，一位主播在直播间推荐某款电脑时，不是主要介绍处理器、内存和硬盘的性能，而是直接说使用八核十六线程、SSD、GDDR5、3000R 曲率等这些专业术语，用户如果是电脑高手，听起来还比较了解，而如果只是一般的家庭用户，买电脑也只是为了上上网、查查资料，就可能会感到乏味。

5. 巧妙地利用从众心理

从众是指个体在社会群体的无形压力下，不知不觉或不由自主地与多数人保持一致的社会心理现象，通俗地说，就是“随大流”。有的时候有些想法和行动并非自己所愿，但是为了和众人保持一致，避免出现被孤立的局面，人们也会不由自主地随大流。很多用户在购买产品时，都不愿意做第一人，而是喜欢参考别人的做法，认为随大流可以少惹麻烦、少担风险，因此，热销的产品才会引得大家争相购买。在直播的过程中，主播可以展示用户对产品的评价、购买的记录，说明这个产品的购买率非常高，或者是营造一种疯抢的氛围，就可能会引发用户的购买行为。

6. 饥饿销售

人们对不容易得到的东西，反而更想得到。一旦让用户意识到如果这个时候不买，以后就买不到了，他们就会及时做出购买的决定。饥饿销售是利用产品短缺给用户制造压力，是电商直播中常用的一种营销手段。主播在直播间进行限时、限量、限价活动，就是为了营造一种争抢的促销氛围，让用户快速下单。限时，就是在指定的时间内才能享受此优惠价；限量，就是优惠商品的数量是有限的；限价，就是这个价格是非常低的。例如，主播在介绍产品质量、价格的时候，可以跟用户说：“只剩最后 3 双了，还剩 1 分钟秒杀时间，时间结束马上就下架，这双鞋子今天不会再返场了，播完直接下架了。最后 3 双，要的赶快下单了！”此时，用户就会因为害怕错过优惠而赶快购买。

7. 使用激将法

激将成交法，就是销售人员运用适当的语言技巧巧妙地刺激用户，但又不伤害用户的自尊心，使用户在逆反心理的作用下完成交易活动的成交方法。在成交阶段，主播如果能够巧妙地运用激将法，可以收到积极的效果，取得更多的成交机会。例如，主播在展示一件比较贵重的化妆品时，可以对用户说：“这个系列的化妆品，虽然品质特别高，但因为价格太贵，可能只有少数的人才能消费得起。”对于爱美的人来讲，效果好才是真的好，价格反而不是最重要的因素，所以，主播这样说，反而引起了用户的购买欲望。

8. 树立权威

相信权威是人的本性。举个简单的例子，看病的时候大家都会倾向于相信专家的判断，而不是科室的实习生的建议。同样的道理，在直播间，用户也会倾向于相信这个领域里的专家建议。树立权威，一方面要提升形象和气质。例如，一位美妆达人，如果自己都化不好妆，怎么能教别人选择合适的化妆品呢？一位时装搭配达人，自己穿的都不合适，又怎么能教别人搭配服装呢？另一方面要精通专业知识。直播平台是实时互动的，一张嘴说话，回答用户问的几个问题之后，就会显示出你是不是真的专业。因此，主播一定要精通这一领域的专业知识，才能成为真正的专家。

9. 特殊待遇法

特殊待遇法能够激起用户的优越感和稀缺心理。主播和用户之间是一种很特殊的关系，主播要像对待家人一样爱护自己的用户，用户和主播的黏性也会更强。因此，在直播间，主播可以为自己的用户申请一些特殊的福利。例如，主播可以这样对用户说：“今天直播间的宝宝们都有福，主播给你们要来的独家福利，只需要××元就可以拿到这款产品，是从来没有过的价格。”

10. 利用用户的攀比心理

很多用户在购买产品的时候，并不一定是真的非常需要这款产品，可能是一种攀比心理在作祟。对于有这种攀比心理的用户来说，别人有的他也要有，只要拥有就能获得一种满足感和幸福感。而且，他们会把目光停留在价格更昂贵的产品上。主播在介绍产品的时候，可以利用用户的这种心理，运用比较宣传法，展示几个不同档次的品种，促使其购买中档或高档的产品，从而达到赢利的目的。例如，主播在介绍某件产品的时候就可以说："要买就买个好的，耐用不说，也显得上档次，而且，高品质产品用上几年也不会落后，档次太低，过几年还要更换……"

四、直播中如何寻找和讲解产品的卖点

在直播间，如果主播只是机械式地介绍产品，盲目地进行推销，只会让用户无所适从，感到无聊和厌倦。那么，主播如何寻找和讲解产品的卖点，才能引起用户的兴趣呢？

1. 站在用户的立场考虑

对于消费者来说，只有符合自己的需求才是最好的。主播在介绍产品之前，不妨换位思考，仔细分析一下用户的心态，揣摩用户的真实意图，并为用户的利益着想，找到这款产品对用户最有价值的地方，如果能做到这一点，用户就会对你所讲的内容感兴趣。例如，有用户在直播间提问，想给奶奶买一款电饭煲，又害怕她不会使用，该怎么办。这时，主播就要根据用户的需求来进行介绍："这款电饭煲使用起来非常简单方便，并且专门为老人设计了超大的字体和独立的按钮，而且，这款电饭煲蒸煮出来的米饭更加香甜入味，也较为适合老人的口味，更加容易消化吸收。"这样就充分满足了用户提出的要求，增加了用户下单的可能性。

2. 让观众观看产品展示

"耳听为虚，眼见为实"，相对于一些宣传，观众更愿意相信自己的眼睛、自己的感受。因此，主播在直播间展示产品的时候，要能调动起观众的情绪，让他们犹如身临其境，有真实的感受，这样，他们才会更愿意相信你的推荐。例如，在展示某款产品的性能时，主播可以根据弹幕上观众的要求，进行现场操作。

3. 进行产品对比

在电商的图文介绍页面，经常可以看到产品对比的详情，直播在这方面会更加有优势。主播可以将两种不同质量的产品直接拿到直播间，通过对比展示来获得用户的信赖，用专业的态度告诉粉丝，这款产品究竟好在哪里。例如，一位卖名牌运动鞋的主播，她通过在直播中不断展示运动鞋的材质、特点、款式、商标等，并将其与仿制品进行对比，指出其中一些小细节的不同，从而吸引用户的关注并赢得观众的信任。

4. 引导观众想象使用效果

在直播间，观众无法试用产品，更无法体验到产品的好处，此时可以运用联想法，让观众想象到拥有了产品之后，可以带来什么好处。强调观众使用了产品得到的好处，观众的购买动机就会越来越强。如果用户被产品的效果所吸引，真正对产品产生了喜爱之情，那么即使价格高一些，用户也是可以接受的；如果不喜欢，那么即便价格很低，用户也不会选择购买。

例如，有位育儿主播，有一次她在直播间介绍一款儿童学习桌椅，桌子和椅子的高低都可以随着孩子身高的变化而升降。其中桌面倾斜角度还可以调节，让孩子不能趴在桌子上看书、写字，椅子可以调整孩子的坐姿，如果坐姿不佳，孩子的脊柱将会发生侧弯，甚至发生形变。这款儿童学习桌椅很大程度地降低了孩子近视、驼背的概率，对保持体形、健康成长、预防近视等都有帮助。每位孩子都是家长心头的宝贝，直播间里的家长粉丝一听对孩子的帮助这么大，自然会忍不住下单了。

5. 重点介绍产品的卖点

任何一件产品都有其与众不同的特点，这些特点在不同的场合就可以变成不同的卖点。主播在介绍具体的产品时，可以花一些时间，将产品情况简单地介绍一下，接下来就要深挖商品的优势，重点突出一两个能打动人心的产品细节，进行深度介绍。如果主播可以将卖点与用户的需求结合在一起，那么就会很容易打动用户，赢得用户的认可。例如，一位美妆主播介绍某一款新的面霜，这款面霜是科研部门新近研发出来的，其中蕴含大量由植物提取的有效美白成分，不仅保湿、舒缓，还可以使黑色素不易生成，修护皮肤，改善由干燥、纹理紊乱引起的暗沉，让皮肤看起来更白，而且十分健康，不会伤害皮肤。这些卖点迎合了用户的需求和痛点，有这些皮肤问题的用户听了后自然就会下单购买了。

6. 现场直播

有的主播是旅游、评测、探店等类型的，就可以直接到户外进行直播。例如，农产品和水果生鲜一类的商品，可以让果农在果园里现场采摘、主播现场进行试吃，这样比较有感染力。还有服装、美妆、小家电等这些产品，主播可以走进生产车间、基地进行直播，让用户看看车间的高精尖技术，增强用户的信任感。

7. 答疑解惑

除了介绍产品的品质、性能、特点和优惠福利之外，主播还可以围绕当天出售的产品，根据弹幕上粉丝提出的问题，随时进行解答。例如：这个款式有几个颜色；身高168厘米，体重60千克，穿什么码合适等。主播既要专业，又要让粉丝感觉到自己在被提供服务。人气比较高的直播间，也可以直接配上客服在评论区帮忙回复粉丝提问。

五、直播现场如何为粉丝提供附加价值

随着直播的发展，单纯地在直播间介绍产品，往往无法让观众产生兴趣，而通过在直播现场为粉丝提供附加价值，则可以有效地提高观众的关注度和产品的转化率。

1. 送赠品

在超市促销的时候，我们经常可以看到，购买某一商品时，会赠送同类或其他商品，或者是买一送一。在直播间，这一方法同样适用。在“淘宝直播一姐”薇娅的直播间，往往会出现“转折式连续惊喜”：以产品优点打底，再配合全网最低价，然后买赠，最后加赠品。通过这种方式，主播让观众获

得了额外的物品、附加的价值，而在观众看来，无论赠品的价值如何，只要是有赠品就会觉得很划算。因此，主播在直播间中承诺送给粉丝小礼品，会使粉丝购买产品的欲望更加强烈。一般来讲，主播赠送的小礼物与顾客购买的产品应具有相关性，例如，美妆产品送小样，豆浆机送精装黄豆等。

2. 送知识和技能

在直播间中，主播进行一些有价值的专业技术教学分享，可以树立行业达人形象，而且容易取得观众的信任，从而牢牢抓住观众对的眼球，顺利实现产品的转化。例如，一位进行书法教学分享的主播，他本人的字写得特别好，他在直播间坚持输出内容，免费教观众写字，然后又推出了相关的书法练习教材、字帖等产品。虽然市面上也有不少类似的教材和字帖，但是，主播是根据他自己的教材和字帖进行教学的，观众看着直播学习之后，就可以使用他的字帖进行练习，而且还能得到相关的点评和指导。由于主播提供了相关的知识和技能的附加价值，因此他的产品转化率很高。

3. 传递正能量

在带货直播中，那些具有正能量的直播内容，常常会因为触动一个人内心最柔软的那个点而获得大量关注。直播扶贫、直播公益等内容，都会借助直播这一互动性强的传播渠道，进一步放大直播的社会促进效应。例如，2020 年 4 月 12 日晚上 8 点，央视新闻“谢谢你为湖北拼单”公益行动第二场“带货”直播开播，央视主播欧阳夏丹携手明星王祖蓝、郑爽、蔡明和十堰市副市长王晓，以及 66 位快手达人在央视新闻客户端、快手平台、微博平台同步直播，带来热干面、小花菇、红薯粉等 12 种湖北农副产品。这场公益直播在快手平台的累计观看人数达到 1.27 亿人次，累计点赞数为 1.41 亿个，连同快手达人发起的“谢谢你为湖北拼单”直播，当晚一共卖出价值 6100 万元的湖北农副产品。

六、如何让粉丝成为免费的推销员

取得客户信任最快的方法就是转介绍的方法，因为新客户对老客户很信任，在经过老客户推荐的时候，已经把他们之间建立的信任关系转移到了你的身上。因此，如果能够让直播间的粉丝自发地去分享和传播，将会起到事半功倍的效果。

1. 选择好的产品

直播营销实际上和现实中的生意很多都是一致的，好的产品会说话，会自动传播，好的产品一定是高品质的、有特色的。而且，这个好是大多数用户都说好，大家都感觉很惊喜、很开心，感觉超出了自己的期望值，迫不及待地想要告诉身边的亲朋好友。如果能做到这一点，就说明成功了一半。

2. 引起粉丝的共鸣

直播间中发生的事情或者是产品引起了粉丝的关注，从某一方面打动了粉丝，从而引起粉丝的共鸣，引起粉丝共鸣的内容就是粉丝愿意主动分享的内容。而且，粉丝在分享的时候，快乐感也会提升。内容呈现的方式越新颖，产品呈现的价值越高，就越能吸引粉丝，他们会想到将内容分享给同样需要这种价值或这种产品的亲朋好友。而亲朋好友也会抱着这种态度继续分享内容。这样一来，也就做到了免费推广。

3. 设置优惠券

通常情况下，很多产品自身的魅力还无法让粉丝主动去传播，此时，主播可以想办法促使他们去行动。例如，在直播间，可以发送一些优惠券，当天看直播的观众每人都可以领取一张优惠券，当天不能使用，下次购物的时候才能使用。优惠券还要设置使用的具体时间限制，限制几月几日之前使用有效。这样，下次粉丝或者其朋友观看直播的时候，可以凭上次的优惠券截图下单，减少需要支付的金额，从而实现粉丝复购或者邀请朋友一起来购买商品，为店铺带来一定的回头客。还可以让粉丝在看直播的时候把直播链接转发到微信朋友圈中，让好友点赞，然后凭发朋友圈点赞的截图下单立减20元，这样可以形成裂变效应，在微信朋友圈看到该信息的好友，也可以转发这条链接，让朋友再点赞，从而达到广泛传播的效果。

4. 排行榜 + 邀请卡

有关调查表明，70% 的人愿意分享内容是为了提升他们的参与感。在有的直播平台上，为了激励粉丝主动去宣传推广，设置排行榜，粉丝可以在该平台上获得自己的专属邀请卡，然后将直播间链接转发到微信群、微信朋友圈、微博等当中，邀请自己的亲朋好友来观看直播。并且每邀请一个人，在前端直播间当中都会有数据体现，粉丝可以随时看到自己当前邀请了多少人。主播也可以制定一些规则，例如排行榜前 3 名的粉丝可以领取什么样的奖励，进入前 10 名的粉丝可以获得什么礼物，粉丝在精神和物质上都能得到满足，才会更加有动力去宣传直播间。

5. 实行分销制度

分销制度在一些教育类直播中更加盛行，需要直播平台提供分销的功能，然后粉丝可以将直播间以分销的形式进行宣传推广。粉丝可以将直播间的内容发布到微信群、微信朋友圈、QQ 群等，邀请到新用户之后，可以得到现金返利或者实物奖励等，这种直接的激励方式会充分激发起粉丝的分享积极性，达到踊跃推广的目的。

七、如何将直播和电商完美结合

随着直播的飞速发展，很多网红借助电商这一大平台实现了变现，而电商借助网红的人气，带来了巨大的流量，拓展了销路，淘宝平台更是开辟了淘宝直播间，将直播和电商进行了完美的结合。

主播在直播间可以通过直播技术 360 度无死角地展示商品，及时答复消费者的咨询，这恰恰解决了传统电商中商品只能看图片，不全面的问题；也解决了消费者对商品有疑问时，得去找客服、看评论，反馈效率比较低的问题。

最早一批利用直播流量变现的网红，一般都是自己经营一家淘宝店，并在直播过程中介绍所经营的淘宝店铺。例如，游戏主播在直播游戏的过程中，会推荐自己的淘宝店铺，店铺所卖的商品一般是电脑周边产品和相关游戏周边产品。擅长时尚穿搭的时尚网红在直播的时候，会推荐自己经营的服装店，将用户引流到淘宝店里实现购买。因为看到了网红具有较高的变现能力，淘宝网在2015年推出“淘宝红人店”，主打网红文化。

2016年3月，淘宝直播开始上线。用实时视频的方式引领品质消费，通过粉丝打赏、抢红包等多种互动模式，让消费过程充满趣味性。淘宝直播的内容已覆盖服饰、美妆、运动、母婴、美食、二次元、数码等各个领域。

如果想做好直播电商，要注意，非常重要的影响因素就是人、货、场、流量、复盘。

1. 人

直播带货，主播是非常重要的因素。主播的年龄分布范围比较广，不过，年龄和长相都不是问题，更重要的是，主播的专业程度和销售技能。主播一定要了解产品的性能和特点，商品详情页里的所有东西都要通过主播在直播间里展示出来，并能够在直播间里展示使用方法等，这样主播在介绍商品的时候，才能够介绍得清楚，也才能让粉丝感到比较信服。如果粉丝和主播产生了非常强的黏性，他们就会觉得主播推荐的东西特别好。

2. 货

直播的时候选产品也非常重要，产品质量一定要过关，优质的产品能够加深粉丝对主播的信任并产生复购，而劣质的产品既不利于主播带货，更不利于主播良好形象的塑造。很多头部主播都非常看重选品，并亲自对产品进行测评。而且，头部主播往往可以通过自身流量优势和供应链拿到较好的商品资源，得到高性价比的商品，从而最大化地为自己的粉丝争取利益，同时用户的转化率也高。

3. 场

场即场景，是直播间主播讲解产品的地方，它相当于我们的卖场，好的场景可以决定直播间产品的受欢迎程度。直播间的背景设置要和产品保持一致的风格，如果有大促活动，可以设置漂亮的海报背景，另外，秒杀、点关注等信息都可以布置在合适的位置，以吸引粉丝的注意力。场景还可以是外景直播现场，比如说田间地头、工厂、农场、商场等，丰富的场景可以带给消费者不同的体验感。

4．流量

流量就是进入直播间的人数，在进行直播前，往往需要进行活动策划，做好预热和宣传，在直播的时候，主播还要及时和粉丝互动，通过一些奖励机制延长粉丝的停留时间，尽量获得更多的直播间展示机会，目的就是让进入直播间的人更多。

5．复盘

复盘的作用也非常重要。每场直播结束之后，最好马上抓紧时间复盘，进行数据统计分析和对比，包括订单笔数、新增粉丝数、转粉率、粉丝问题汇总以及话术整理等，及时改进不足，让下一次的直播可以做得更好。不需要分析全部数据，只需关注能直接提升直播间权重的数据即可。要关注的重点数据包括：内容标题、直播时长、配套活动、其他备注、浏览次数、商品点击次数、粉丝人均观看时长（秒）、观看指数、新增粉丝数、引导支付金额、进店访客、转化率。据说，在 2019 年天猫“双十一购物节”期间销售额达到 30 亿元的“淘宝直播一姐”薇娅，在每次直播后，都会及时进行复盘。

八、常见的直播电商模式有哪些

最新数据显示，直播已经成为近年来增速最猛的电商形式，服装、百货、农产品、房子、汽车甚至火箭等各种各样的商品都来到了直播间，但是，不同商品的直播模式并不一样，下面就来介绍几种常见的直播电商模式。

1．产品直播模式

这种直播模式是最常见的一种，是一般的官方旗舰店都会使用的直播方式，主播一款一款地介绍产品，或者由观众在评论区留言，告诉主播要看哪款，主播就会先对这款产品进行介绍。主播会主要介绍这款产品的概况，包括产品的图案、风格、材质、颜色等，以及产品的优势。例如：某款女鞋是牛皮鞋面，柔软细腻，亲肤透气；纤巧细带，女人味十足；舒适后跟，平稳分散压力，自在惬意行走；橡胶大底，抓地力提升；等等。直播内容主要就是直播间的各件商品。竞争力主要来源于直播的产品，互动也主要是点赞、点关注，咨询产品等，内容也相对单调一些。

2. 达人模式

达人模式需要主播在一个领域有非常深厚的专业认识，对该领域的商品了如指掌，成为该领域的消费意见领袖。这类主播的粉丝，对其忠诚度非常高，从而转化率也非常不错。例如，“口红一哥”李佳琦在直播间推荐的口红，几乎都是秒空的状态。

3. 品牌商合作模式

主播和品牌商合作，帮品牌商带销量，同时给粉丝谋福利。这个模式中主播带货的能力越强，粉丝越多，就越受商家的青睐，拿到的折扣也就越低。而主播的收益来自产品坑位费 + 销售返佣 + 主播打赏。一般来讲，头部主播的坑位费约为 60 万元，产品抽成 10%～20%。

4. 产地直播模式

产地直播常见于生鲜类产品类目，如水果、海鲜、放养家禽的原产地直播等。无论是自产自销还是产地直销，到产地购买，给观众的感觉都是性价比较高。所以，产地直销的商品本身就很有优势。主播会来到产地进行直播，通过日常工作场景的还原，让用户看到整个过程，建立信任，刺激消费，最终完成转化。

2019 年 11 月 5～6 日，快手官方举办“卖货节”，称为“1106 购物狂欢节”。快手平台各大主播纷纷向粉丝直播销售商品，“源头好货”就是这次购物狂欢节的重点。快手电商运营负责人白嘉乐表示，源头好货背后的真实货源地和便宜批发价成为吸引用户的重要因素。

5. 代砍价模式

主播拿到货主的产品后，分析产品的优缺点，同时也告诉粉丝产品大概的价格，征询有意向购买此产品的粉丝。在这个基础上，由货主报价，主播砍价，协商成交。主播赚取粉丝的代购费和货主的佣金。例如，一位服装类的主播在直播间现场是这样砍价的：

主播："这个料子不错，版型好，老板娘，多少钱？"

老板娘："1200 元。"

主播："500 元卖不卖？"

老板娘："（无奈）……那我就赔死啦，这可是品牌货啊！"

主播杀价："199 元！卖不卖？"

老板娘："这……（比较纠结）你也太会杀价了吧！卖！今天就豁出去赔钱给你。"

主播："宝宝们，199 元，要的扣 1 哈！要的扣 1……这料子真不错，款式也是今年最时尚的！又是品牌！别错过啊！"

6. 抢拍模式

这样的直播模式，就是一场直播推介几十上百款产品，每款只有 1 件，按扣号的方式进行销售的模式。这种模式在淘宝 C 店（淘宝 C 店即个人店铺、集市店铺）比较常见，直播间的气氛特别火爆，主播的语速也很快，介绍到令粉丝心动的产品时，就会有很多人抢。但是货只有一件，只能卖给一个人，其他抢不到的人就会一直抢，直播间的气氛将一直火爆且粉丝停留的时间就会延长。而且主播也不知道自己会拿到哪一件超值的神秘商品，在某一个时间段，如果主播和场控控制的产品顺序好，后边销售的每一款商品都能让大部分粉丝心动，那么在线人数就会持续增加，每款产品的曝光率也会提高。

例如，在某女鞋直播间，粉丝进去之后，会听到主播在喊："这双小白鞋，质量非常好，超值，只有 1 双，37 码的扣'7'，37 码的扣'7'，只有被叫到名字的才能领到号码，领取号码后到链接里付款并备注编码。"在这样的抢货氛围中，每一双鞋都不一样，一不留神自己喜欢的鞋子就没有了，因此，粉丝下单下得非常快。

九、提升淘宝直播间排名的运营方法和技巧

一般情况下，直播间获得的点赞量和评论量越多，顾客观看的时间越长，顾客离开直播间的比例越低，系统越会认为你是一个优质的淘宝主播，给予你的粉丝推荐量就会越大，直播间的排名也就越靠前。下面详细介绍一下提升淘宝直播间排名的运营方法和技巧。

1. 直播的观看量

直播间观看的人数越多，系统就会认为你的直播越有价值，就会推荐更多的流量，因此，在开直播之前一定要做好直播预告，设置直播封面和直播文案，在各个社交平台上推广，引导用户来直播间。

2. 增加点赞量和评论量

现在的技术手段非常先进，一个直播间如果长时间没有点赞和评论的话，就会被系统认为是卖家找了一些“僵尸粉”，从而影响直播间的排名。因此，一定要想办法增加直播间的点赞量和评论量。

你可以这样来增加点赞量和评论量：在直播间发布信息，当点赞数量到达某个数值的时候给予粉丝一些小福利，例如，点赞每达到 1 万次就可以抽奖。主播在直播的时候，在描述产品的时候可以使用一些技巧，提出问题来引导用户进行咨询或者评论，也可以增加评论量。

3. 增加顾客的在线时长

淘宝官方明确提过，要想提升直播间的权重，在线观看时长是必要因素，也是基本点。要想留住顾客的脚步，必须从直播的内容上下功夫，尤其是直播的风格、话术等。一个顾客进入一个直播间之后，一般停留的时间不会太长，可能就几分钟，这个时候一定要在短时间内给出顾客一个不离开的理由，如讲故事、讲段子、进行抽奖等，都可以有效地提高顾客留存率。要不然，顾客进来一会就走了，这个比例过高的话，会让系统认为直播间不够优质，留不住人。

4. 巧妙设置直播的标签

淘宝直播平台很注重直播前后的系统性以及直播内容的专业度，淘宝直播的标签有美妆、潮搭、母婴、逛吃逛吃、掌柜播、生活家等，就像淘宝上架商品的时候要选择不同的类目一样，选择直播标签的时候，如果和产品的相关度不大，那么流量就会不精准。每个标签都有对应标签的总流量，同标签的主播，如果直播的数据越好，标签分配到的流量就越多。大主播用大标签比较有优势，因为通过大标签进来的流量会比较大，而大主播的数据都会很好，因此，分配过来的流量就非常多。新手主播最好不要选择太热门的标签。

5. 根据亲密度来做活动

用户进入一个直播间，都会显示亲密度，第一次进去的亲密度非常低，随着在直播间时间的增加，还有与主播互动次数的增多，亲密度也会不断提高。因此，可以根据和主播亲密度的不同来设置活动，例如，给直播间前 10 名成为铁粉的粉丝送什么礼物？给前 10 名成为钻粉的粉丝送什么礼物？这样，可以提高用户来直播间的次数和互动的积极性，从而提升直播间的活跃度。

6. 设置店铺直播的专属活动

很多淘宝店铺为了让进店的用户去自己的直播间，往往会设置一些直播间专属活动。例如，在直播间拍下来的商品可以免邮费，或者是在直播间设置互动小任务、优惠券等。因为在直播间能够领到超低折扣优惠券，这样就会有很多用户进入直播间。如果直播间的活动力度大、氛围好的话，就可以提高转化率。

十、淘宝直播中吸引观众进入并观看的技巧

淘宝直播主要是通过卖货实现收益的，如果直播间没有粉丝，或者是粉丝太少，想要卖出商品是不太容易的。那么，主播应该怎么做才能吸引观众进入并观看直播呢？

1. 吸引浏览店铺的人进直播间

每个开通直播的店铺，官方都会给一个横幅（banner），以吸引浏览淘宝店的用户进直播间去看看。因为用户会浏览店里的商品详情，也可以在详情页中提前添加欢迎用户来直播间的信息，要想在首页和详情页默认可以浮现直播，只要在中控台设置“同步到首页和商品”即可。

2. 提醒粉丝进直播间

很多淘宝主播都有粉丝，在开直播之前，主播要提醒自己已有的粉丝进直播间，具体方法如下：

（1）微博引流。

在淘宝中控台设置“同步到微博”，直播间会自动浮现与店铺关联的微博。

（2）粉丝推送。

开播之后，主播可以在淘宝中控台点击“粉丝推送”，这样关注了你店铺直播间的粉丝就会收到直播提醒。

（3）客服旺旺引流。

如果用户咨询店里的商品，想要一些优惠券、赠品之类的，客服也可以告诉用户，本店正在直播，直播间的商品更优惠，以吸引用户进直播间。

（4）淘宝粉丝旺旺群。

很多淘宝店家都建有粉丝旺旺群，开直播的时候可以用直播红包雨、抽奖等，把群内粉丝吸引到直播间。

（5）微信群。

很多店家都有自己的微信群，在直播之前，一定要在群里做直播预告，将微信好友吸引到直播间。

3. 抓住前 33 秒

有关调研显示，大部分用户来到一个直播间稳定观看时长在 33 ～ 41 秒之间，也就是说如果他在三十几秒之内没有觉得你的直播内容有价值，他就会跳到下一个直播间里面去。因此，主播一定要抓住用户进店的前 33 秒，可以提前准备一套标准的话术来应对。例如："欢迎某某进入我的直播间，厂价让利直销一折起，进来的新人请关注一下主播，领取 10 元优惠券。"或者是发布大型活动的直播预告，也可以吸引新来的观众关注主播。因为直播间一直会有新人进来，主播可以过几分钟就重复一下这些内容，引导新的用户关注主播。

4. 不定时地抽奖

当直播间在线停留的人数比较多的时候，就可以进行一次抽奖。这时，主播可以说："接下来，我们来一波截屏抽奖，必须先关注直播间哦!"抽奖之后，就可以送出 10 元优惠券或者其他的小礼物。

5. 点赞领优惠券

在直播间还可以通过点赞领券的方式，来提高用户在直播间的活跃度和互动频率。这个方法很多直播间都在使用，如果用户想买直播间的某一件商品，就会点赞领券，几百个赞不仅提高了互动频率，还要花费一些时间才能完成，这无形中也增加了用户观看直播的时长。

6. 连续签到领礼品

用户关注了店铺，并连续签到多少天，就可以向客服领取相应的福利，这种活动可以让用户养成访问的习惯，还能够建立店铺和用户之间的情感关联。具体的做法很简单：

（1）设置赠品。

选择用户连续签到之后要赠送的礼品，然后将直播间要推介的后几个产品设置成赠品的链接，这些赠品质量要好，要能够吸引用户。

（2）告诉粉丝怎么签到。

让粉丝来到直播间之后，发送"自己的昵称 + 第一天签到"到公屏上，然后截图给客服做备份，第二天再来到直播间，发送"自己的昵称 + 第二天签到"到公屏上，然后截图给客服，以此类推。

（3）送赠品。

等粉丝完成连续签到之后，就可以到客服那里领取奖品。

7. 切红包

淘宝直播开通了切红包功能，切红包直播版奖池目前支持的权益类型为：现金红包、店铺优惠券、商品优惠券。“天降红包”的视觉体验能够让直播间的气氛非常火爆；现金 + 优惠券可以瞬间激发粉丝的购买欲望；“霸屏”红包雨让用户可以在直播间边玩边领权益，增加用户在直播间的停留时长。整点切红包，有助于保持整场直播粉丝的活跃度。另外，通过设置合适的中奖率可以提升粉丝获得福利的满足感。商家可根据自己的需求，更换玩法，上线前可预览相关玩法效果。在直播中，点击中控台的互动面板的“切红包”按钮即可创建切红包活动，如图 6 – 1 所示，然后根据提示在互动空间中设置切红包活动的具体玩法。

图 6 – 1　创建切红包活动

十一、淘宝直播中取得浮现权的技巧

拥有了浮现权，就可以在淘宝直播官方公域的展示位来展示你的直播间，获得更多的流量扶持。在淘宝直播中，天猫商家自动拥有浮现权。因此，浮现权主要是对集市商家主播和达人主播来讲的，主播可通过直播中控台“我的权限”来查看是否开通浮现权。

1. 开通的条件

对于集市商家主播来讲，开通浮现权的条件是：层级需要达到 L2 层级；

经验值达到 3000 分；冻结足额保证金；优品率需满足 99.0%。店铺要求：符合《淘宝网营销活动规则》；本自然年度内未因发布违禁信息或假冒材质成分的严重违规行为扣分满 6 分及以上；本自然年度内不存在出售假冒商品违规的行为；店铺未涉及廉政调查。

对于达人主播来讲，开通浮现权的基本门槛标准是：主播经验值达到 3000 分；月开播场次≥8；月开播天数≥8。另外，平台会综合粉丝无负面评价或投诉、无违规行为、退款率等逆向数据不高于平均水平等指标。

2. 经验值如何快速达到 3000 分

开通浮现权的一个基本条件是经验值达到 3000 分，经验值由直播时长、直播间互动类数据构成。假设有一位刚入驻的达人主播，那么他的当前等级为 1 级，经验值为 0，需要获得 3000 分经验值同时完成当前的升级任务才可以升到 2 级。直播时长类数值，每天 200 分封顶，因此，新手主播每天固定时间至少连续播 4 个小时。互动类数据，指的是用户与主播之间进行互动的数据。关注分享的货值数值，每天 100 分封顶，主播要引导观众点赞、评论、关注和分享。

3. 观众停留时间

官方要求直播的内容要符合内容规范的要求，直播观看人数要 50 人以上，且人均停留时间要 90 秒以上。一个新直播间，首先要考虑的是新粉的停留时间。停留是基础，只有先有了基础停留，才有可能产生互动、点击商品和下单转化。一般来讲，新手主播的粉丝比较少，每一个粉丝的停留时长对总停留时长的影响都会比较大，因此，主播需要好好对待进入直播间的每一位观众，尽量增加他们的停留时长，则本场直播的停留时间很容易拉高。方法除了常用的点赞送优惠券等活动之外，还可以使用淘金币，设置粉丝观看直播 5 分钟可以领取淘金币，主播引导粉丝到直播间左上角去领取。

4. 重视新账号 14 天扶植期

淘宝官方对直播开播有一定的政策扶持，新入驻的主播，从入驻的次日起，每天开播都可以获得临时流量浮现权。官方的加持流量从入驻次日算起一共有 14 天，过期将不再获得流量加持，且临时流量浮现权也会被收回。新手主播可以在这 14 天时间内稳定自己的直播时长，提升互动频率，尽可能在 14 天后取得真正的浮现权。

十二、如何做好直播间的产品布局，打造爆款

对于带货直播，产品的布局是非常重要的一环，如果把产品的布局做好，不仅能够快速地成交，而且还可以使直播间的活跃度提升，流量越来越多，当然，粉丝也会因此而增加，从而实现直播间的良性循环。

1. 直播产品的搭配

直播就像是一场表演，那么直播的产品就应该是有主有次的。在直播前就应该将产品分类好，哪些产品是主推款，哪些产品是引流款，哪些产品是利润款等，然后将产品按照主播讲解的顺序排好，先展示的产品要放在最前面，这样直播的时候才不会乱。

2. 差别定价策略

直播间的商品价格，要略低于店铺平时的销售价格，而且如果淘宝上有同款的话，也要低于同款的价格。其中，引流款可以远低于平台同款商品的价格，甚至亏本冲销量。还可以设置折扣定价，例如单件八折、2 件七折、3 件五折等。不同商品的定价策略也不一样，需要通过后台的数据来进行具体的分析。

3. 直播间的节奏把控

主播在进行直播的时候，节奏的把控是一个需要注意的点。当主播介绍完一款产品后，留给消费者多长时间去下单是一门学问。如果节奏没有控制好，就会出现主播开始介绍下一个产品了，但粉丝还在前一个产品的下单过程中的情况。

开播之后，可以先来一波抽奖，然后上引流款，再逐渐上正常款。例如，抽奖之后，可以先上一款 19.9 元的秒杀款，吸引观众点开观看，这样会使观

众的停留时间变长，那后面进来的观众才会一直累加，只有在线人数增多，才能得到更多的公域流量。然后发一些红包，引导观众分享直播间，这样直播间会产生裂变效果，带来更多的新观众。接下来主播要有序地将讲解的产品的价格一点点地提上去。例如：主播接下来发布价格 39 元的商品，然后发布 59 元的商品、79 元的商品，让用户慢慢接受商品的价格。当流量上来了之后，主播就要把利润款拿出来，进行重点介绍。如果发现此时流量减少，主播也可以将准备的抽奖活动再进行一波，或者是将秒杀产品发布出来，活跃一下直播间的气氛。

4. 促销模式的搭建

做直播，非常关键的一点就是要找到更多让粉丝留在你直播间的理由。这就需要搭建促销模式，例如，通过设置优惠券、红包、抽奖、投票、直播专享价、商家连麦等方式，在直播过程中与粉丝进行互动。

5. 售后团队的搭建

做产品布局的时候，也要考虑到售后。因为，直播间一旦出现售后问题的咨询，会非常影响直播的进程，这个时候，需要有专业的售后团队来进行售后维护。

6. 直播数据收集和应用

直播结束之后，要对直播数据进行收集和分析，如直播收看的人群细分领域、男女比例、年龄分布、粉丝浏览类目偏好、浏览品牌偏好等，然后要根据这些数据来进行选品和定价。

十三、教育直播，如何提高试听课程的转化率

教育直播和其他直播类别还是有一定区别的，通常情况下，教育类的主播会先开一些试听课或者公开课，然后通过这些课程来吸引用户报名长期课程。那么，教育直播怎样才能提高试听课程的转化率呢？

1. 直播间背景的准备

要根据直播课的特点，在直播间提前设计直播的宣传海报、主播简介、课程内容等。注意，在设计的时候一定要重点突出课程的亮点及用户福利。

2. 主播有自身的优势

优秀的老师是教育成功的重要因素，相对于其他主播，教育类的主播更加需要掌握专业的知识和技能，在直播中的表现力和感染力要很强，讲课要有自己的特色，可以是幽默风趣，也可以是潇洒自如。不管是什么风格的主播，只要在线直播的效果好，观众认可度高，课程的转化率自然也会比较高。

3. 试听课内容的设置

试听课一般都是干货满满的，而且要注意留白，让观众有所期待，相信后面的长期课程内容更加精彩、更加有价值。通常情况下，面对初次见面的学生，主播要先自我介绍，这样可以起到很重要的宣传作用，主播一定要认真对待，详细介绍自己的基本信息、教学风格、教学经验、兴趣爱好等。然后要简单了解一下学生的情况、学习的目的以及兴趣爱好等，以便在课堂中更融洽地进行互动。接下来进入课程的主要内容讲解——干货部分，主播宜通过实例来讲授学习内容。之后和学生互动，检验学习效果，并进行课程总结，最后留出一部分时间介绍长期课程的基本情况，以及营销推广的内容。

4. 互动并赞扬学生

在直播课上除了授课，主播还可以做直播刷题、答题，加入一些有趣味的活动。主播要积极主动地回答每一位观众的评论，并针对这些评论给出具体的评价，如某某学生真有自己的见解，某某学生表现得特别棒，某某学生反应真快、回答得非常正确等，让观众感受到自己被关注，从而喜欢你的直播间。

5. 加入推广话术

教育类的直播，通常都需要 PPT 课件，主播可以在进行课件制作的时候，在合适的地方添加推广话术，引导观众通过在直播间放置的推广链接购买课程，或者是关注公众号，添加助教的微信。

6. 引流到粉丝群

在直播中，主播可以让观众加入粉丝群，在粉丝群里会进行上课提醒，发布直播课程的课件，进行免费答疑，或者是对粉丝进行一对一的课堂情况反馈，并进行课程的推广。

7. 直播间限时福利

这个和带货主播的限时福利活动类似，在试听课结束的时候，主播可以针对直播间的观众开展抽奖活动，或者是发放优惠券，现场报名直减多少钱，并说明活动仅限直播间观众当场报名时使用。

8. 课程效果反馈

直播结束后，可以通过问卷的形式收集观众对课程的评价，从而总结出观众的喜好。通过后台的数据分析报告，总结课堂的具体情况，有哪些不足的地方，具体原因在哪里，从而在下次直播的时候加以改进。对于成交的订单，主播也可以让助教对观众进行一个小调查，包括“报名最主要的原因是什么”“这节课最打动你的地方在哪里”等内容，然后做成一个数据表，主播进行分析总结，并加以运用。

十四、旅游直播，如何开辟旅游盈利的新渠道

对于旅游行业而言，通常只使用风景图、旅游宣传片来进行宣传，用户很难有身临其境之感；而视频直播则可以让用户更加清晰、全方位地感受到产品的特点，从而增强体验欲望。另外，主播在直播过程中，不仅会对风景名胜的相关历史，民俗的来源、发展，当地特色小吃、风土人情等进行介绍，而且还会对旅游中的所见所感进行描述，这能够让观众感受到直播内容的真实性，就好像自己也同主播一起经历了这次旅行一样。

1. 旅游线路推荐

直播间延伸到户外，主播化身为导游，在直播中，通过手机屏幕，足不出户的观众朋友可以在心仪主播的带领下“云”游各种经典的旅游线路，并可以根据自己的需求选择合适的线路去进行实地体验。例如，3 月 28 日，2020 年嘉兴市生态文化旅游节暨南湖桃花节开幕式在梅花洲景区举行，在本次直播中，嘉兴市文化广电旅游局共策划推出了 10 条各具特色的生态健康游线路供线上观众选择。

2. 介绍旅游土特产

出去旅游，一般游客都会想购买一些当地的土特产，但由于不熟悉情况，往往会花了高价钱还没买到正宗的产品，这也是旅游业一直被人诟病的一个地方。但是，在直播间，观众不仅可以跟随主播欣赏当地的美丽风光，还可以了解当地独具特色的土特产。2020 年 3 月 21 日，驴妈妈集团联合数十家国内外知名文旅集团，全国多地文旅厅、地方政府、科研院校等共同主办“山河无恙　感恩有你”系列公益活动之“全国 100 位县长爱心义卖直播大会”，来自全国多地的 100 位县长走进爱心公益直播间，变身“带货达人”，向广大网友介绍当地的土特产。这些县长主播，有的穿上民族服装载歌载舞，有的带观众穿过花海、唱起山歌，一边给观众介绍景色，一边推荐颇具特色的农产品。

3. 直播间预订酒店

去不同的地方旅游，在人生地不熟的情况下，酒店的选择是影响旅游舒适度的一大因素。在没有旅游直播的时候，游客一般是到了当地再订酒店，或者是根据网站上的图文介绍来选择酒店。有了旅游直播，游客就可以看到酒店的环境、卫生条件等，从而能选择到更加放心、更加合适的酒店。

2020 年 3 月 23 日，携程集团董事局主席梁建章现身三亚亚特兰蒂斯酒店，在号称“三亚最贵酒店房间”的波塞冬水底套房内开启了他的人生第一场直播。携程统计数据显示，1 小时内卖出的三亚本地酒店套餐交易额达 1025 万元，直播间的音浪也长期浮动在全平台前 20 名。继在三亚成功直播首秀后，梁建章在贵州西江千户苗寨再次直播。这次他化身“酒店首席体验官”，以“董事长住过的酒店”为主题，将自己体验过的“心水”酒店一一推荐，1 小时销售额再次突破 1 千万元。

4. 直播卖票

一些主播不仅熟悉旅游景点的情况，而且还掌握了很多相关的旅游技能。例如，某位主播是位冲浪爱好者，经常现场直播他在巴厘岛海域冲浪的情形，并且事前配合直播卖票，很多观众在观看主播的冲浪表演时尖叫连连，跃跃欲试地想去巴厘岛现场体验一番。

十五、企业直播，快速导流的方法和技巧

作为“鞋业大王”的奥康国际，2017 年就加入了“线上直播”行列，探索“实体 + 直播”新模式，加速企业向线上转型。

2020 年 3 月 24 日，由奥康国际与天猫共同发起的“新风尚 · 千人直播挑战赛”火热拉开帷幕。千名奥康导购参与直播，累计开播超 3000 小时，旗舰店直播间总观看人数达 228 万人次、互动点赞量超 1000 万个。此次奥康全网直播销售量是 2019 年天猫“双 11”直播销售量的 6.5 倍；当天该品牌天猫、淘宝总销量是同期的 2.6 倍，成为淘宝直播购物节大牌男女鞋榜第一名。

下面我们一起来看一下这次直播快速导流的方法和技巧。

1. 直播预热

在直播之前做出活动方案，并进行预热。宣传点主要有：奥康国际“掌门人”王振滔携手其子奥康国际电子商务总经理王晨，献出直播首秀，直播间里千名优秀导购员火热争夺“最强带货王”，狂撒 1 亿元消费券和补贴等。

2. 直播预告

除了预热，开播预告也很重要。一般在直播前，主办方都要发布直播预告，告诉大家今晚直播间有什么东西，让每个需要这些东西的人都知道，他们来直播间是有意义的。在微博上我们可以看到，奥康官方微博号发布的预

告信息，如图 6－2 所示。

图 6－2　奥康直播预告信息

3. 矩阵联播

上午 9 点，来自全国各地的 1000 位奥康优秀导购员准时开启自己的直播达人秀，开启紧张刺激的带货“角逐战”，创下了淘宝直播单品牌同时“开播”量之最。直播间里，新晋主播们专业生动地介绍鞋子的颜色、款式、材质等产品亮点并进行试穿展示，同时积极向各自的粉丝拉票，进行激烈的人气 PK。

4. 名人到场助阵

上午 10 点，奥康国际“掌门人”王振滔准时出现在直播间，向粉丝分享奥康故事，传递正能量，与淘宝头部网红“烈儿宝贝”同屏连麦，凭借两名重量级 KOL（关键意见领袖）的强大引流力，开播 2 小时，总观看人数便轻松突破 46.8 万人次，点赞量也突破千万。

5. 微博热搜

来自微博的流量更是不容小觑。正式开播3小时后，微博话题#奥康千人直播#阅读量直达696万次，并且持续发酵，很快冲入热搜排行榜第6名，如图6-3所示。

图6-3 微博热搜排行榜

6. 发放福利

上午10点，王振滔董事长亲临千人直播现场，在产品不涨价的基础上，发放价值1亿元消费券让利消费者。晚上8点15分，奥康国际“少帅”王晨准时出现在直播间，一进直播间就送出满满福利，送出5个“一年四季”款；晚上8点40分，“少帅”发出第二轮福利，再送5个“一年四季”款，中奖的粉丝可在奥康鞋业旗舰店任意选4双鞋子。

十六、餐饮企业，如何通过直播引导粉丝消费

对于餐饮行业来讲，直播是一个非常好的选择，用户通过直播可以清晰地看到该餐饮店制作美食的后厨的卫生状况。例如，火锅底料厂家渝冬来就支起手机，开启“云后厨”，直播制作火锅底料的过程，让吃货们的视角从前台转向后方，亲眼看见火锅底料从炒料到装盒，都经历了哪些程序，让顾客对企业的卫生环境更加放心。

而且，直播可以让餐饮企业的美食显得更加诱人，使人垂涎欲滴。2020年2月29日晚，海底捞、香天下、小龙坎、辣府等数十家火锅企业在淘宝直播平台举行了一场“深夜食堂”的火锅专场活动，直播一共是4个小时，结束时，香天下的流量最高，有15万人次观看，其次是海底捞，有8万人次观看，辣府、小龙坎等火锅店平均流量在5万～7万人次之间。据统计，当天共有200万人参与了这场线上直播美食的盛宴，淘宝夜间的食品订单比上周多了180%。

1. 美食诱惑

在4个小时的时间里，几位火锅店的主播支一张桌子，边涮火锅边直播，粉丝在线点菜，要求主播试吃，对于粉丝的点菜需求，主播几乎是有求必应。涮菜过程中，主播边将菜品进行展示，边讲解起菜品的特色，还有火锅品牌的历史等，对于餐饮企业来说，这是一次很好的品牌宣传。

2. 福利发放

直播期间，店家还准备了大量的代金券、限时秒杀、小火锅等福利，不仅活跃了直播间的气氛，也赢得了不少潜在客户。例如，这些直播商家上架了饿了么外卖代金券，并现场引导观众一边看直播，一边点外卖，同城当即可送。饿了么当天的宵夜外卖订单涨了3倍。

3. 卖产品

由于这些品牌火锅都是比较有名的企业，大多数都有自己品牌的火锅底

料、蘸料等产品，直播间也引起了一波抢购热潮。例如，小龙坎在直播之前先介绍当日活动，包括新产品、限时秒杀、抽奖等。直播时还从桌底拿出准备好的产品：涮锅同款，下单你也可以拥有。小龙坎市场负责人介绍，直播期间，小龙坎销售额突破 2 万元，引导进店 5000 人。

十七、家居行业，门店如何进行规模化线上直播

家居行业与服饰和美妆等行业不同，它的客单价高，运输不方便，而且用户也更注重现场体验和服务，但是，现在很多家居门店也开始了线上直播。例如，截至 2020 年 3 月 15 日，居然之家在全国范围内有超过 308 家门店开启直播，日均开播门店数稳定在 260 多家。

1. 引流到线下消费

由于家居产品的用户更习惯到线下卖场现场感受、咨询，而且，居然之家合作的很多品牌会提供定制和个性化设计的服务，而这些很难实现线上直播购买。因此，在居然之家的直播间，主播会提供订金优惠、直播专享优惠券等福利。主播除了介绍产品的优惠和特点，更强调现场体验感，将线上流量引导到线下店体验并转化，最终取得了不错的效果。例如，居然之家北四环店在疫情过后恢复营业第一天就有 26 个品牌开单，全天销售额近百万元。

2. 主打低价商品

直播只能在镜头前讲解和展示商品，很难最大限度地满足消费者的需求。所以，家居行业直播带货的选品很重要，性价比高、价格低的商品比较容易售出。居然之家规定：直播间引流款产品、爆款产品、秒杀品价格必须至少是零售价的五折；其他商品的直播间价格不得高于卖场日常活动价。

3. 培训导购当主播

对于习惯了线下交流的导购员来讲，想要打造一个热闹的成交率高的直播间，并不是一件容易的事情。居然之家为了让全国卖场的导购员更适应线上直播，他们从 2 月开始，组织 12 万名员工学习直播课程。核心内容包括如

何进行淘宝直播、如何与观众打招呼、如何发放优惠券、如何和观众互动、直播商品的挑选、直播的话术等。

4. 规模化线上直播带货

居然之家以卖场为单位，通过多家门店开启直播，形成团队矩阵，实现了规模化直播。在淘宝直播搜索“居然之家”，就可以看到全国各地不同门店的直播间。目前居然之家全国门店日均开播超过500场，日均观看人数超6.2万人次，日均新增粉丝1.4万人，日均引导订单数超3600笔。

5. 董事长和总裁联合直播

2020年3月29日晚，爱依瑞斯董事长范姗姗与居然之家总裁王宁联合直播，为广大消费者送去了9.9元抵500元、全屋半价购、10000+件秒杀产品、巨额现金红包等优惠福利，助力全民“秒”新居。这场以“居爱约惠 共赢战疫”为名的全民“秒”新居直播，覆盖门店41家，有关数据显示，3个小时的直播共吸引14.95万人次观看，累计产生266.19万人次互动，引导成交10189笔订单。

十八、服装品牌，如何进行直播营销

在实体服装行业，商场服装品牌通常都具有极强的时段效应，节假日门店爆满，工作日则是冷冷清清。淡旺季也非常明显，换季和春节前的旺季生意非常好，节后则一整天都可能卖不出去一件。而通过直播营销，则可以有效规避时段效益和淡旺季的差别。女装品牌创尔于50天内，在拼多多直播间做到粉丝从0到270万人，直播间的引导转化销售额占全店总销售额的70%以上，它是如何做到的呢？

1. 差异化直播

创尔公司创始人李纪旺认为间断的直播很难形成特色，所以从开播的第一天，就决定让6位主播轮流上阵，24小时不间断直播。他认为：直播就是一种比文字和图片更直观的服务形态，只要有客户进来店铺，就得有人跟她说话、为她服务、向她展示，需要服务好每一个潜在客户。最终，在春节前后的50天时间里，团队不辞辛苦地加班换来了不错的成绩：创尔从一个默默无闻的新品牌成为在拼多多上拥有270万粉丝的新锐品牌。

2. 重视主播培训

为了让主播更加适应线上直播，公司对店里的主播进行产品知识、语言组织能力、促单技巧等方面的系统培训，让她们的专业素质更高和能力更强。

3. 高性价比

公司创始人李纪旺想要打造一个“年轻化、性价比高”的品牌。产品质量不错，价格不那么贵，同时设计新潮，能够迎合年轻人的消费习惯。李纪旺还强调一点：高客单不代表性价比低，低客单不代表性价比高，创尔没有考虑价格的高与低，而是考虑高性价比。

创尔在拼多多直播间推广最大的成本就是“发红包”，配合优惠券、秒杀、免单活动，将产品的高性价比加以落实。而直播是以量取胜的，单件利润比较少，但起量的话也能够维持利润水平，这样的高性价比受到了用户的青睐，带来了不错的转化率。

4. 多种营销玩法

拼多多直播开发了许多裂变的玩法及产品，比如说红包裂变、粉丝群裂变。商家在后台设置红包总金额、红包个数以及开抢时间后，直播间右上角会显示出红包图标，消费者点击后，被要求只有关注直播间才能领取红包（如图6－4所示），继而页面提示“邀请好友助力，立即拆现金红包”（如图6－5所示），要想领到红包，直播间观众就必须将直播间分享给他的朋友，他的朋友进入直播间，朋友介绍朋友，社交裂变能为商家直播间带来更多流量。同时，消费者在等待拆红包期间，在直播间的停留时长也会相应增加，这也能提高转化率。

例如，创尔为了能把消费者留在直播间，几乎每隔半小时或1小时就会发红包。红包个数和总额是根据直播间实时在线人数确定的，在线人数多时，红包总金额达到四五百元，在线人数较少的话，可能就是10～30元，总体上保证单个红包金额在0.5～1元之间。最多的时候，一天差不多发1万元。发红包的效果不错，不仅能提升转化率，而且由于社交分享，获客成本也降下来了。

图6-4　要求关注直播间

图6-5　邀请好友助力

5. 通过广告投放

创尔还会通过广告投放引流到直播间。例如，聚焦展位、场景广告等直接引流至直播间，也可以用爆款商品的搜索权重，通过商品引流至直播间。

第七章

盈利变现

一、如何选择适合自己的直播盈利模式

随着互联网的发展，直播的概念也有了全新的拓展，越来越多的人开始关注直播，通过直播购物、学习等，更多的人则从直播的发展中找到了适合自己的盈利模式。

1. 粉丝打赏

打赏是直播的主要变现手段。这种方式在秀场直播中更为常见，秀场直播里面的主播大都是俊男靓女，主要在直播间聊天、表演才艺等。主播跟粉丝进行互动，赢得粉丝打赏。很多土豪都愿意为自己喜欢的主播一掷千金，打赏“游艇”“法拉利”“飞机”等直播礼物，主播可以将这些礼物按照一定的比例兑换成现金。如果主播隶属于某个工会，则由工会和直播平台统一结算，主播获取的则是工资和部分抽成。如果你有一定的才艺，并且颜值也比较高，这种盈利模式是可以考虑的。

2. 游戏分成

游戏分成是游戏直播的主要变现手段。主播在直播的时候，平台会嵌入游戏入口，用户在观看直播的时候如果通过入口点击、下载了游戏，主播就可以进行分成。同时，主播还可以在直播的时候进行游戏周边商品及游戏道具商品推荐，从中也可以得到一部分收入。另外，还有另一种小游戏直播模式，将斗牛、炸金花等小游戏嵌入直播，主播与用户玩小游戏互动，增加用户在线时长，用户购买金币玩游戏，增加游戏平台的营收，主播也同时获取盈利。要想通过游戏实现变现，主播需要了解和讲解打游戏升级的一些方法和技巧，最好自己就是游戏高手，那样，你就可以实现边玩边赚钱的愿望。

3. 带货

带货直播是近几年新兴的一种直播形式，也是普通人最容易上手的一种变现方式。带货直播主要和电商相结合，通过电商销售，让用户购买产品，将流量变成销量，从而获取收入。没有直播的时候，大家在网上购物主要是

看图片和评论，我们都知道，图片可以处理，评论可以刷好评。但是，有了直播，用户就可以直观地看到店里的商品及其品质，主播通过平台可以对商品进行360度的展示，让消费者信任，这样成交率也会更高。如果你有自己的淘宝店或者是线下实体店，有商品，这样的盈利方式可以说是开辟了一个新的卖货途径，当然，对于没有货源的用户来说，也可以通过分销实现带货盈利，很多直播平台都提供了这种便利。例如，快手直播可以添加小黄车，还可以将粉丝引流到淘宝、有赞等电商平台下单，产生消费。

4. 接广告

一些主播拥有一定的名气之后，不少商家就会看中其直播间的流量，委托主播对他们的产品进行宣传，主播可以从中收取一定的广告。商业广告一般是通过粉丝数来定价，粉丝数量越多，则价格越高。而且，广告和直播领域的关系也很密切，越是垂直领域的直播间，与广告的相关度越高，广告效果就越好，价格也就越高。这种变现方式一般是主播私下接的，平台不参与分成。例如，有的主播就专门策划一些有意思的本地特色直播内容，吸引大量的本地粉丝，从而有针对性地对接本地的广告主。当然，平台也可在App（包括banner、直播广告图等）、直播间、直播礼物中植入广告，按展示/点击或购买情况与广告主结算费用，这也是一种不错的变现形式。

5. 知识变现

最近几年知识付费非常火，网上出现了各种各样的学习培训课程。主播也可以利用直播平台售卖课程，让学生付费学习，主播获得平台的分成。例如，某个亲子教育的主播，通过在直播平台上开设家庭教育讲座，不仅获得了家长的打赏，还售出了自己编写的教程，可谓一举两得。

6. 导流其他平台，在其他平台赚钱

有的主播在自己的个人主页介绍里添加上微信号、微博号、微信公众号等信息，不仅可以提高粉丝对主播的信任度，进一步与粉丝互动，还可以将粉丝引流到微信、微博等平台，进行二次营销。

7. 签约独播模式

与平台签约独播，是主播实现快速变现的一种模式。优质主播能够为平台吸引和留存更多用户，创造出巨大的价值。签约独播就是某个平台和主播签订一份合约，要求主播只能在自己的平台上进行直播，主播可以获得相应的签约收益。当优秀的大主播从一个平台跳到另一个平台后，他身后的粉丝往往也会随之转移平台，因为，对于大多数看直播的观众来说，在哪个平台看直播其实效果都差不多，自己喜欢的主播才是值得追随的。因此，为了能够拥有更多的用户，提升市场竞争力，很多平台宁愿花重金签约具有特色的主播，让他们来自己的平台直播，或者通过一些激励计划来吸引主播主动进驻。对于新手主播来说，能获得平台青睐，得到签约收益，不是一件容易的事，通常需要主播本身就拥有庞大的粉丝群，以及能够持续输出精品内容。

二、直播间粉丝打赏前在想什么

一般来讲，做直播的最终目的是盈利变现，而一个粉丝也不会平白无故地送钱给主播。所以，主播要了解粉丝在购买礼物、掏腰包之前，都在想些什么。

1. 引起主播的关注

很多观看直播的人，在现实生活中都是比较宅的，他们都渴望社交，希望在这个虚拟的世界中获得别人的关注和尊重。直播时，主播面对众多粉丝，由于刷屏太快，无法满足每个粉丝的愿望，所以为了引起主播的关注，粉丝就会刷点免费礼物或者付费礼物，希望能够和主播互动交流。这时，主播也可以根据情况来进行引导，例如说“优先回答加入粉丝团的朋友的问题，加入粉丝团，只需要刷一个棒棒糖就可以加入，赶快加入吧，我们在这里等你哦！”等类似的话语。

2. 对主播的实力表示赞赏

真正有才艺、有干货、有实力的主播，能够提供高质量内容的主播，往往也是走得最远、最稳的主播。对于这样的主播，大多数粉丝会因为欣赏主播的才艺或者才华而刷礼物，以表达自己对主播的仰慕之情。

3. 支持和鼓励主播

当直播间的主播在玩游戏、连麦、PK 的时候，粉丝往往会支持自己喜欢的主播，希望自己喜欢的主播能够获胜，这时，往往会刷比较多的礼物来支持这个主播。当主播心情不好，或者是在生日以及一些特殊的日子时，粉丝也喜欢通过刷礼物来安慰或支持自己喜欢的主播。

4. 满足虚荣心

现在观看直播的用户量屡创新高，这么多的用户中也不乏爱慕虚荣、不学无术、喜欢炫富的有钱人，这些人在直播间里一掷千金，经常刷“飞机”“潜艇”之类的大礼物，一方面能够获得主播的感谢、其他粉丝的赞叹，另一方面还能够满足自己的虚荣心。

5. 为了放松心情

现在很多人的生活压力都很大，喜欢通过一些娱乐手段来舒缓压力、放松心情，这类用户看直播就是为了放松消遣，一般会偏向于搞笑的、有趣的直播内容。当他们觉得直播的内容很有意思的时候，就会通过付费和打赏来回馈主播。

6. 满足追星的心理

很多年轻人都喜欢追星，但是，明星对于大多数人来说是高高在上的偶像，是遥不可及的，而直播中的主播，在一定程度上具有明星的一些特点，可以满足用户追星的愿望。而且，主播通常都是很注重和粉丝沟通和交流的，在直播间，粉丝可以随时通过公屏或者连麦和喜欢的主播互动，这满足了粉丝追星的心理。

7. 产生了情感的共鸣

情绪，是对人主观认知经验的统称，包括喜、怒、哀、乐、惊讶、恐惧、自豪、焦虑等。人们的很多情绪是相通的，面对同一件事情，大多数人的感受都差不多。在直播平台，如果主播直播的内容触动了观众的某种情绪，让他们和主播在情感上产生了共鸣，他们就会给主播赠送虚拟礼物来表达自己的情绪。

三、如何引导粉丝现场刷礼物

了解了粉丝的打赏心理之后，主播就可以根据不同的粉丝采取不同的方法，来引导粉丝在直播间把礼物刷起来。

1. 和粉丝建立连接

对于那些渴望得到主播关注的粉丝，要真心地把他们当作朋友，用心进行维护，在日常生活中多关心他们，时不时地发个信息问候一下，让粉丝有存在感和价值感，从而感到温暖。主播应尽量记住每个粉丝的喜好和个人信息，这样下次他来到直播间的时候，你就可以同他聊几句与他相关的话题，如“你今天不用去上班吗?”“你出差回来啦?”等，让他感受到你的细心和真诚。这样，粉丝也会真的疼爱和帮助你，从而给你送礼物。

2. 培养粉丝的消费习惯

很多主播一心只顾着丰富自己的直播内容，拼命去吸引用户的眼球，和每个进来的人打招呼，和粉丝聊得热火朝天，但就是没有人打赏，这种情况很可能是你没有经营好你的粉丝团，用户在你身上没有养成消费习惯。这个时候你要提醒他们，你是一位主播，你在直播间直播，就是希望得到他们的礼物。例如，可以这样说：“如果大家喜欢我，可以给我送点免费的 × ×，谢谢大家。”语气不强求，如果粉丝喜欢你，也会自愿地为你多刷礼物。

3. 营造刷礼物的气氛

每个主播都会有一些铁粉，他们有可能是主播线下的朋友，也有可能是公司运营安排的守护者。在直播过程中，他们需要帮助主播一起来营造气氛，为主播刷礼物，主播要念送礼人的名字以表示感谢，这样可以刺激其他粉丝，激起潜在土豪的嫉妒心和虚荣心。很多人送礼物给主播是为了刷存在感，看直播的人越多，直播间的气氛越好，跟随刷礼物的人也就越多。

4. 读懂别人的情绪

礼物是交朋友交出来的，是沟通感情沟通出来的，高情商的主播普遍能精确解读粉丝的情绪，可以通过直播间粉丝释放出来的信号，判断出粉丝是否对自己当下的直播感兴趣，是否愿意送礼物。例如，当弹幕上出现“你有固定的直播时间吗?”“什么时候再直播呀?”“主播，能唱一首歌吗?”“主播，能不能再讲一个段子?”“粉丝团怎么加入?”等问题时，主播就可以找机会引导粉丝刷礼物了。

5. 卖惨求同情

主播可以不经意之间透露自己工作背后的辛酸，让粉丝体会到表面光鲜亮丽的主播，其实也和普通人一样，会生病、会疲劳，为了直播而放弃很多自己的爱好等。例如，可以这样说：“我每天都在网上陪你们，三年了，连一次短途旅行都没有，因为每天都必须在家里直播。”让粉丝知道自己为了直播做出了很多牺牲，以此来博取粉丝的同情，从而引导他们用刷礼物的方式来表达对主播的爱护。

四、助力打赏飙升的五大套路是什么

直播间和现实生活是一样的，没有谁会平白无故地为你的直播埋单，了解其中的套路，才能助力打赏飙升。

1. 懂得回馈与感恩

主播一定要及时与粉丝互动，对于粉丝的打赏要感恩和回馈。有的大主播可能对几十元、几百元的礼物看不上眼，但是，对于粉丝来说，希望能看到你的反应，你的惊喜、你的尖叫、你的夸奖都会让粉丝感到很受用。而如果你很高冷，会让粉丝觉得自己的付出没意义，会有失落感。因此，主播要懂得感恩，这可以提高主播的收入。

2. 要学会观察

做主播一定要机灵一些，不说眼观六路、耳听八方，也要注意到进直播间的用户中哪些是高等级的，有贵族身份的要重点关注，这一情况多出现在游戏直播中。通常来讲，这些人都具备一定的消费能力，也有网上消费的习惯，他们有可能会送给主播很多礼物。

3. 抓住主播间的土豪

根据粉丝送出礼物的价值进行分析，那些一次性送百元以上的大礼物，就很可能是隐藏的土豪粉，要重点关注。土豪一般事业比较成功，挥金如土，同时可能会有强烈的失落感与孤独感，攀比心理比较重，如果有别的土豪在你的直播间送礼物，很可能会激发他的斗志，也许就会给你刷很多的礼物了。受虚荣心主导的土豪玩家，经常可以在平台或者直播间的排行榜上找到他们的名字，他们就是在刷存在感。主播对土豪除了表示自己的感谢之外，还要鼓动其他粉丝感谢他，从而让土豪获得他人的热切关注和追捧。

4. 找到你的铁粉

主播对于平台礼物的价值要熟记于心，可以查看每天的礼物记录清单，查看一段时间之内有哪些粉丝经常为你送礼物，他们就是你要重点培养的铁粉。铁粉会经常来你的直播间，为你不断地刷礼物；当有人诋毁或辱骂你时，或者直播间有意外情况发生的时候，他们会及时出来维护你，因此，主播一定要重点关注他们。

5. 诱导粉丝持续消费

一个喜欢主播的粉丝给主播刷了礼物，大部分主播只会说谢谢某某刷的“飞机”啊，然后就没下文了。而有技巧的做法是，如果粉丝给你送了“飞机”，你可以说：“谢谢哥哥姐姐们送的‘飞机’，但我好喜欢‘火箭’哦，都没人送‘火箭’给我。”那么，这个粉丝很有可能会再送你一个“火箭”。

五、快速出单的不二法宝是什么

在直播间带货的最终目的是拿到订单，促成交易，而成交之前就应该使用一些方法来达到自己的预期。在这里，有一个快速出单的重要法宝。

简单地说，就是要想方设法找到观众的痛点，让观众认识到问题的严重性，从而产生购买的急迫感。要想挖掘到直播间观众的痛点，必须对自身的产品和服务非常了解，并且充分把握观众的心理。想办法说服观众：一方面，从产品的用处和特点来说，购买了这个产品能够给观众带来什么好处；另一方面，如果不购买这个产品会有什么样的损失，你指出的损失越多，观众对产品的需求度就会上升。

例如，如果你是做美妆类产品的主播，对大部分女人来讲，都想自己漂亮，那你就可以这么说："你还在没日没夜地面对手机而毫不注意自己的皮肤吗？你不怕自己的皮肤失去光彩吗？你不怕老公因为你的皱纹而嫌弃你吗？而使用了这款产品之后，你可以看到这种效果：皮肤变得水嫩光滑，很有光泽，而且有防皱去皱功效。"

如果你是做减肥类产品的主播，你就可以这么说："肥胖是大多数中年女性的痛点，而且肥胖还会引起糖尿病、高血压、脂肪肝、冠心病和一些妇科病等，而使用了这款产品，可以有效地帮你分解脂肪，同时减少能量吸收，帮助你重新获得性感锁骨、蜜桃臀、大长腿、小蛮腰。"

以观众的痛点为基础，然后对症下药，在直播中直接演示和讲解产品的全面优势，当观众认为你的产品能给他带来更多的好处之后，观众会感到非常满意，也会心甘情愿地购买。因此在销售中，一定要强调产品究竟能给观众带来哪些好处，让观众只能听取你的建议。

六、直播现场简单有效的促销技巧

如果一场直播只有主播在那里不停地介绍商品、推销商品，肯定很难收到好的效果。那么，主播在直播间里面应该怎么做，才能快速有效地出单呢？

1. 优惠福利

一般情况下，直播运营需要提前策划好整个直播流程，其中包括总共有多少福利，都是什么奖品，有多少个红包，一共发几次，分别在什么时候发。主播在刚开始直播的时候，一定要学会利用抽奖、免单、发红包的方式。一般来说，快手主播在直播间卖货的时候，都会在直播间里面发快币红包，少则几百元，多则上万元。而淘宝直播间则经常会有关注有礼、抽奖、发红包、金币、优惠券等多种互动优惠，例如，淘宝主播薇娅，经常刚开播就会这样说："话不多说，我们先来抽波奖。"而且奖品都是热门产品，对粉丝非常有吸引力。

2. 制造紧迫感

在日常生活和工作中，常常碰到这样一些现象，买新车要交订金排队等候，买房要先登记交诚意金，买个新款手机要提前预约，还常常有"限量版""秒杀"等。在直播间，限时、限量、限价这种现象也很常见，而且是非常简单有效的促销技巧。限时，直播结束优惠就没有了；限量，直播间限量500份，抢完就恢复原价；限价，正常渠道买199元，今天通过直播间可能只要99元。就是首先给粉丝划定一个固定的范围，一旦超出这个范围，粉丝将无法享受特定时间和空间内的各种优惠，这种落差通常会让粉丝感到不舒服，因此，往往会选择参加优惠活动。例如，"口红一哥"李佳琦在直播的时候就会制造这种紧迫感，很多商品基本都是秒无的，稍微手慢了点，商品就被抢完了。

3. 制造惊喜

主播要学会制造超出粉丝预期的场景，让粉丝感到惊喜。曾经有一位主播在秒杀一款衣服的时候，预热了5分钟，一直说的价格是99元，助理丢上链接之后，下单的观众突然评论"怎么才79元"，主播惊讶道："真的吗？大家赶紧去拍，商家价格设置错了，就按直播间的价格，我去给你们申请一下，看能不能出，真是赔钱出。"该产品瞬间就被抢光了。

4. 邀请嘉宾助阵

在直播间，邀请嘉宾助阵是一种很常见的促销方法。利用嘉宾本人的名气或者其他优势，向消费者进行介绍和推荐，对卖货会有拉动作用。近期，我们可以看到多地乡县市的政府官员，也都参与到直播带货中。例如 2020 年 3 月 10 日晚，单县县长张庆国与知名短视频博主朱一旦共同来到拼多多助农直播间，为家乡单县的无抗鸡蛋“代言卖货”。独特的带货方式吸引了 100 多万消费者观看，截至当晚 12 点，直播活动共计 157 万余人观看，鸡蛋成交 8600 多件，近 34.4 万枚。

七、视频直播中快速开单的 5 个小技巧

很多看直播的人都想在直播间购买到物美价廉的产品，在保证质量的前提下，主播也不能只靠降价来满足他们的低价要求，实际上，主播可以通过一些小技巧来满足他们的这种心理。

1. 巧妙定价

在直播间卖货，实际上和实体店是一样的，只不过，直播间面对的是网络上的客户，是全国各地的粉丝，有些主播会直接给出产品的实际底价，这样会给粉丝一种“这件商品很廉价”的感觉，而且当粉丝想要砍价的时候，就没有什么利润空间了。直播时，主播可先把价格设置高一点，一件衣服如果实际售价 199 元，可以先标售价 299 元。这样，主播在展示之后，说出是工厂源头供货，直播间的独家福利，可以立减 100 元，这个时候粉丝就会觉得价格很适合，自己抢到了福利，买到了性价比很高的产品。

2. 价格对比

在直播中运用价格对比，可使粉丝更加信任你，同时也可以营造气氛，激发粉丝购买的欲望。对于一些常见的名牌产品，可以参照商场和超市的价格，进行线下市场价和直播间的价格对比，因为，粉丝在日常生活中，逛商场和超市的时候对这些产品的价格已经有了一个认知，这时候用价格进行对

比，能够唤醒粉丝的认知记忆，再加上直播间的气氛烘托，表明这个是厂家直销让利，会让粉丝觉得买得很值。另外，主播还可以将产品的当前价格与最初价格进行比较，再将店铺当前价格与其他店铺的价格进行对比。从这些比较来看，产品目前的价格都是比较低的，这样就能很好地突出产品的价格优势，粉丝也会意识到产品确实是比较优惠的。

3. 三种产品循环卖

给直播间的商品设置引流款、爆款和利润款，其中，价格便宜、质量又好的产品为引流款，这种产品不是为了赚钱，而是为了提升粉丝的信任感。爆款一般是选择利润适中、量比较大、有独特优势的产品。而利润款则是价格比较高、利润比较高的产品。在直播前，要对这三种产品进行一个排序，先推出一个引流款，让直播间活跃起来，再趁热打铁，卖爆款，接着卖利润款。然后可以三种产品循环往复，主播一边引流一边售卖。

4. 直播间限时包邮

有的淘宝店家是不包邮的，消费者会有多付钱的感觉，但是，通过直播间购买的话可以限时包邮，而且直播间的商品价格比平时的价格有明显的优惠，对于粉丝来讲，他们就会觉得在直播的时候购买比较实惠，就会关注直播间，经常来支持主播的活动。

5. 直播间产品的优势

主播由于粉丝量比较大，通常可以拿到比较优惠的价格和性价比较高的产品。因此，主播可以在直播间向粉丝展示直播产品的优势，比如：同样质量的产品，直播间的产品价格便宜很多；直播间的面膜一盒 7 片，比其他渠道卖的多送 2 片；直播间的数码产品是同款的升级版，材质更好，性能更好等。让粉丝认为直播间的产品不仅质量更好，价格还更便宜，从而进一步激发粉丝的购买欲望。

八、直播中提升销售转化率的秘诀有哪些

作为带货主播，最想看到的就是观众能够通过自己的引导最后促成交易，这对于经验丰富的头部主播来讲，是比较容易办到的，我们经常可以看到或听到某主播在某一天又促成了多少万元销售额的报道。那么，在直播中提升销售转化率的秘诀有哪些呢？

1. 使用积极的语言

优秀的主播使用的语言都是积极的，避免使用消极的语言，因此粉丝受到的也是积极的影响。主播在介绍产品的时候，语言准确简洁，解说清晰明了，态度亲切，激发了粉丝的购买热情，成交也是必然。同一个意思，因为表达方式的不同，造成的结果也就不同。

2. 换位思考

对于消费者来说，只有符合自己的才是最好的。因此，主播应该先考虑粉丝的立场，也就是站在粉丝的角度来介绍产品，如果购买者是自己，自己会怎么选择。主播在了解了粉丝的需求之后，再向粉丝推荐适合他们的产品并提出建议，以供粉丝参考。

3. 结合自己的经历介绍产品

主播在给粉丝介绍产品之前，一定要亲自试用和检测产品，主播通过讲述自身的经历和经验来向粉丝表达产品的使用感受是对产品质量、功效强有力的证明。而且，主播将自己的感受融入表达中，可以让表达的内容更显真实性，对粉丝也更有说服力。例如，主播在介绍某款衣服的时候，可以试穿一下，然后再介绍衣服的材质、穿上的感觉等，一边展示，一边介绍自己的穿着体验，这样观众就会更加了解这款产品是否适合自己。

4. 通过价格打动粉丝

在直播中体现出物美价廉，是吸引粉丝下单的重要方法。主播首先要认

真详细地介绍产品的品质和特点，让粉丝充分了解和认可产品的价值，再通过秒杀、抽奖和设置优惠券等方式，引导粉丝点击直播页面的购物车或者主页的橱窗购买商品。其中的限时秒杀产品，可以选择那些点击率高但是转化率比较低的产品，来达到吸引人气、提高转化率的目的。

5. 试用成交法

如果直播间的粉丝想要买商品，但是又下不了决心，还是想要亲自看看质量，此时，主播可以适时地推出试用装，让粉丝下单。主播也可以超低价卖试用装或是免费送出一些试用装，只要产品质量好，对方试用满意后就会复购了。

6. 二选一法

在直播中，有的粉丝已经对商品满意了，但是却迟迟没有下单，这个时候如果主播乱说话就有可能功亏一篑。这时，主播可以为粉丝提供两种解决问题的方案，无论粉丝选哪一种，都是成交的结果，也就是说要避免问粉丝“要还是不要”的问题，而是让他们回答“要 A 还是要 B”的问题。例如，你可以问他们：“你们是要这种花色的，还是纯色的呢?”采取这种二选一法，粉丝往往会更容易下单。

九、直播中打消粉丝顾虑的销售成交技巧

消费者在购买产品之前，难免会有一些顾虑，担心质量问题、售后问题、价格问题或者是害怕产品无法满足自己的需求等，这些都是正常的现象，毕竟每个人都希望自己能买到合适的产品。因此，在直播中，主播要想自己推荐的产品能顺利成交，一定要想办法从根本上消除粉丝对产品的顾虑，当粉丝有了需求又对产品比较满意的时候，自然就会下单了。

1. 给粉丝合理的建议

在直播中，主播可以通过给粉丝提供建议的方法来消除他们的顾虑。当粉丝在看直播的过程中有疑虑时，他们最常用的方法就是在公屏上面提问。

这个时候，主播和助手就要根据粉丝提出的问题，快速专业地给予合理的建议。主播如果无法给粉丝满意的答复，粉丝很可能就会退出直播间。例如，当粉丝质疑直播间的鞋码偏小，是不是鞋码不标准，存在质量问题时，主播非常专业地回答："同样是鞋码，便有中国码、美国码、欧洲码等多个不同的标准。不同标准之下，鞋码的大小很可能会存在一定的差异。这是中国码、美国码、欧洲码等不同标准的对照表，本次直播的鞋子尺码是以欧洲码为标准的，您只需要根据实际情况，对照这个表选择对应的欧洲码，就可以选到适合自己的鞋码。"

2. 给出质量保证

主播可以在直播间对产品的质量进行详细介绍。例如，介绍保温杯的时候，可以把保温杯拆开，将各个部位一一展示给粉丝看，让他们仔细观看保温杯做工方面的细节，还要将不锈钢保温杯的环保检测报告展示出来。如果是品牌商品，需要将该品牌的授权信息进行展示，也可以将消费者对产品的正面评价也介绍一下，作为证明产品质量的相关资料。另外，还可以通过产品的销量和好评率来证明产品的质量有保证，"这款产品月销量超过 1000 件，而好评率则达到 95%。另外，本着诚信经营的原则，主播承诺不是正品可以在限定时间内退货，并且保证'假一赔十'"。

3. 说明低价的原因

如果直播间产品的价格足够便宜，粉丝有可能会产生顾虑，怀疑是不是产品的质量存在问题。在消费者看来，商家是以盈利为目的的，不可能不顾自身利益，以远低于市场价出售。这个时候，主播一定要给粉丝一个合理的理由，说明为什么会以低价销售此产品。如商家十周年店庆，今天是本次活动的最后一天，等等。

4. 说明新款打折的原因

在购买产品的时候，很多消费者不仅追求实用，还会考虑到时尚、流行的因素。尤其是在购买服装、鞋子、帽子等穿戴用品时，他们就会担心产品是压仓货、过季的处理产品。这时，主播可以将当下的流行元素融入产品介绍之中，让粉丝知道产品是紧跟潮流的，是今年的新品，并不是去年的处理产品，打折只是因为厂家在做促销活动。

5. 回应对新品牌的质疑

对于陌生品牌的产品，消费者往往也会产生质疑，不知道产品的质量如何、口碑怎样。这个时候，首先，主播可以通过介绍品牌故事、创业者的故事、产品的细节、正规厂家证明、产品符合行业标准的证明、行业的检测证明等来消除粉丝的疑虑。其次，主播可以通过展示销售量和消费者的反馈来说明品牌的优势。最后，新品牌虽然质量不输大品牌，但因为是新创立的品牌，知名度不高，为了开拓市场，所以才打折销售、薄利多销的。

6. 给出售后保证

保修是产品售后中非常重要的一项内容，尤其当购买的产品本身价值比较高的时候，消费者会更加重视产品是否可以保修，保修的范围有哪些，保修的年限是多久。因此，主播要根据产品的具体情况，围绕这几个方面进行介绍。例如，一个小家电的三年质保说明：第一年，免费换新机（人为损坏的除外），超过一年之后、三年之内人为损坏也可以享受付费换新机。当主播对保修内容进行具体说明的时候，粉丝就会觉得主播是真诚和可靠的，从而会更放心地下单。

十、让粉丝忍不住买买买的五大套路

消费者的大部分购买决策，都是在很短的时间里，被直觉、情绪、惯性和从众心理等推动做出的。只要主播能够触发粉丝内心深处的动机，就会出现忍不住买买买的情景。

1. 通过场景化引导

场景化引导，就是通过建立一个与真实情况一致或者相类似的场景，来唤起消费者的心理需求，激发消费者的购买欲望，从而达到成交的目的。在这种情况下，消费者更容易接受运营者的引导。例如，一位漂亮的主播在直播中搭配衣服，介绍衣服的面料、颜色等，然后亲自穿上展示衣服，让粉丝感觉到，如果是自己穿上这样的衣服，或按照这种搭配方式，也会很美的，于是，粉丝就会爽快地下单购买。

2. 通过语言暗示

语言暗示也是一种常用的、能够有效地影响消费者潜意识的营销方式。当粉丝对产品产生了好感之后，主播应该趁热打铁，通过语言向粉丝暗示购物需求，促使粉丝尽快做出购买行为。例如，主播要让粉丝觉得他已经购买了产品，在跟粉丝沟通的时候，不要说“假如”“如果”，而是应该用“当您拥有了”这样的说话方式，这样能起到很好的暗示效果。

3. 增强直播间的感染力

感染力，指的是主播在直播间增强的一种好氛围，让粉丝认同主播，从而认同产品的价值。一般来讲，增强感染力可以从肢体语言和声音等方面来入手。

眼睛是心灵的窗户，粉丝能够从你的眼神中看到你的真诚、自信、可靠等品质，从而更加信任你。手势与语言合理搭配，能够反映出你思维的清晰程度，令你与听众更好地互动。

声音是增强感染力的一个重要方法，声音要充满感情，抑扬顿挫，该高的时候高声，该低的时候要压低声音，语速该快的时候要快，该慢的时候要慢，这样才能让粉丝跟着主播的思路走，不觉得枯燥、不跑神。为了增强感染力，主播还要学会运用肢体语言。例如，进入“口红一哥”李佳琦的直播间，听到的第一句就是超级有能量的“Hello！Hello！大家好，我们来咯！”李佳琦在直播中的音量属偏大的，这一句超大声的问好，就能够给人充满激情、亢奋、非常有感染力的感觉。另外，李佳琦5分钟就可以卖出15000支口红，其中有一点要归功于他的语速。语速快，会让听众高度集中注意力听他说的内容，减少思考的时间，一般人的正常语速为每分钟80～160字之间，而李佳琦每分钟可以说300字，远超正常语速。

4. 拉近与粉丝的距离

有时候，主播可以在直播中公开产品的成本。这有利于体现产品货真价实的特点，也能体现主播采取的是薄利多销的商业策略，这会拉近主播与粉丝之间的距离，提升粉丝的信任度。在直播间多说一些幽默搞笑的内容，提高直播间的趣味性，也容易吸引粉丝的注意力，拉近主播与粉丝之间的距离。

5. 果断催促粉丝下单

在直播间中，当介绍了产品的多个卖点之后，粉丝陷入犹豫期时，主播可以帮助他们拿主意，遇到这种情况一定要速战速决，不然粉丝有可能会最终选择不买。例如，在“口红一哥”李佳琦的直播间中，经常就会听到“OMG”“买它买它买它”“所有女生，×××已经补货来咯，你们赶快抢!”之类的话语。

十一、如何巧妙实现产品广告的软性植入

当主播的粉丝越来越多，知名度也越来越高的时候，会有很多广告主找上门来，希望通过其宣传，将他们的产品展示给粉丝。但是如果在直播中硬性插入广告，不仅起不到好的宣传效果，还容易引起粉丝的反感。那么，如何巧妙地实现产品广告的软性植入呢?

1. 直接穿在身上

有的主播会将品牌服装直接穿在身上，然后进行直播，借助主播的影响力，粉丝的购买欲望将会更加强烈，而且此时粉丝所看到的是真实的场景，他们会更加了解这款服装的特点是什么、适合哪些场合、怎样搭配会更美，这种场景比摄影棚拍摄的硬广告更让人信服。例如，某位才艺主播，在直播的时候穿了一件比较时尚漂亮的衣服，有的粉丝就会问：“你的衣服是哪里买的？很漂亮，我也想买。”这样，主播就可以顺势推出衣服的购买链接，让粉丝自己去下单。

2. 放在直播间

主播开直播时可以将广告产品放在直播间，让它构成场景一个不可或缺的部分。例如，有个主播在直播的时候，把一盆造型非常漂亮的黄杨盆景放在旁边，直播的时候还可以有意无意地摆弄一下，这个时候，有喜欢盆景的粉丝就会在公屏上询问："这个盆景如何购买?""能不能包邮?"主播在回复粉丝问题的时候，就可以非常自然地谈论起盆景的相关话题，然后将广告发布出来。

3. 直播间的道具

还有的主播会将要推广的产品直接作为直播间的道具使用。例如，一位教观众如何化妆的美妆主播，她在介绍化妆技巧的时候，会使用到一些化妆品，如化妆水、隔离霜、粉底、眉笔、眼影、眼线笔、口红等，这些化妆品的牌子和型号成千上万。如果主播很懂化妆技巧，化妆之后的效果也非常棒的话，那么粉丝要想化出同样效果的妆，就会咨询主播所使用的化妆品型号以及在哪里购买等。

4. 直播内容的附加产品

虽然主播在直播间提供的部分内容是免费的，但是粉丝要想得到更好的体验效果，获取更多的价值，就要考虑购买相关产品。例如，有位教数学的主播，在直播课堂上免费给学生讲小升初的易错题，课讲得非常生动有趣，深受学生欢迎。但是，他布置的课后作业都是一本习题册上的，也就是他的广告产品，他还会在直播间将学生错得比较多的题目进行讲评。这样一来，就有很多学生选择购买这本习题册。

5. 和直播内容相结合

直播时，可以将广告产品和直播内容密切结合。例如，一些探店的美食类主播，他们会走街串巷去寻找美食，主播在找到美食之后，会在镜头前面毫不吝啬地对美食加以称赞，这也在很大程度上对美食做了宣传。还有一些旅游类的主播，也是通过直播对一些经典的旅游线路进行宣传。粉丝在享受了美食和美景的视觉盛宴之后，就会想亲身品尝一下这些美食和欣赏美景，从而也能达到宣传的效果。

十二、如何将粉丝引流到线下实体店变现

直播的流量入口很大，而且很容易打造信任感，因此，主播可以利用自身的粉丝和流量替线下的实体店做宣传，将粉丝引流到线下实体店消费，从而实现双赢。这类方法常用在线下餐饮店、咖啡厅、奶茶店、商场、旅游景点等。

1. 拍摄探店类直播

娱乐和美食一直是百姓消费的主要领域，用探店的形式拍摄这两个领域再好不过。粉丝可以直观地看到店内的环境，了解到好不好吃、好不好玩、客人多不多等。同时，主播还可以跟店家合作，展示一般消费者看不到的地方。例如，某美食主播，会帮着粉丝去后厨看看，如果看到后厨井然有序，食材干净新鲜，粉丝对该店的好感就会倍增。主播还可以直接在餐厅直播美食体验，把特色菜品各点一份，边吃边播，让粉丝垂涎欲滴，从而使粉丝也想亲自到店里品尝一下。

2. 在聊天中引流

主播在直播间是会和粉丝沟通交流的。例如知识型的主播，类似心理咨询师、教师、培训讲师等，在讲课之余，可以为粉丝答疑解惑，树立行业专家的威信，这样粉丝就会很感兴趣，就有可能到他的实体店去进行学习和培训。

3. 直播专业技能

很多主播通过在直播间展示他们的专业技能，如唱歌、演讲、演奏乐器、跳舞、健身等，如果粉丝觉得主播的水平不错，就可能会想跟着他们学习。例如，有一位主播是一家瑜伽馆的教练，她的直播内容主要是她教瑜伽的一些情况，如教粉丝如何放松、如何拉伸、如何快速减肥等。一般来说，个人

练瑜伽，如果没有专业教练指导的话就很容易受伤，反而不利于身体健康。因此，她的大部分粉丝是有健身需求的人群，她可以把这部分粉丝引流到微信，引流到实体店里。

4. 开启线下同步优惠活动

2020年3月13～14日，海尔以直播形式开启了“海尔健康品质节全民嗨购盛典”，共实现超3亿元的网络销售额、近2亿次的网络交互量。流量引入与流量转化保障，是引导购买的最后一步。海尔还在微信群中同步进行秒杀活动，并启动线下海尔专卖店优惠活动等，从而成功地将线上的流量引到了线下的实体店中。

5. 直播招商加盟

企业在直播平台不断输出优质内容，并且可以在直播间和粉丝进行互动，介绍自己的加盟产品，如果能够得到粉丝的认可，还可以让粉丝实地考察。例如，2020年4月16日，由欧神诺陶瓷主办的智慧加盟店线上直播招募大会成功举行。短短2个多小时的线上招商会，便吸引了超200个意向加盟商。

十三、游戏主播的盈利模式有哪些

游戏主播在直播间打游戏，用户观看游戏直播能够感受到游戏带来的愉悦和刺激，从而给主播打赏。除了粉丝打赏之外，游戏主播还有哪些盈利模式呢？

1. 游戏分成

在主播的直播间中，往往会有游戏开发商嵌入的游戏客户端，主播可在线与观众玩游戏，观众如果通过入口点击，下载了游戏，或者在线购买金币，主播就可以获得一些分成。

2. 游戏竞猜

一般游戏或体育直播平台会使用竞猜，竞猜平台嵌入直播室，粉丝使用虚拟道具通过竞猜平台下注，投注给自己支持的一方，最终竞猜平台和直播平台通过分成的方式盈利，主播也会获得收益。

3. 游戏道具

游戏中的道具是给玩家提供方便的虚拟物品，每款游戏都有不同的道具。对于游戏直播而言，利用道具获利是一种比较常见的盈利模式。主播可以通过直播的方式为用户呈现出使用道具玩游戏的效果，给用户带来一种更直观的感受，这更容易激发起他们购买道具的冲动。一般情况下，游戏平台和道具商城提供给游戏玩家的道具是按照其提升角色技能的表现来划分的，主要有以下几种。

（1）游戏装备。

这是常见的游戏道具，就游戏装备的各种用途而言，又包括多种类别，例如武器、头盔、铠甲、腰带、靴子、饰物等。一些装备品有角色、性别、等级等特有的限制，使用过的装备可以进行修复。

（2）消耗品。

消耗品主要包括食物、药品、打造原料、合成原料、暗器、飞行符、宠物口粮等。其中有的消耗品可以在物品栏里叠加，有的则不能叠加。

（3）技能经验值。

游戏技能也是道具商城的重要商品，很多游戏要想提升级别，都是需要一定经验值的。

（4）角色属性。

在游戏中，角色属性一般包括级别、装备和技能，这也可以作为道具的一个重要组成部分而存在，特别是游戏角色本身所具有的各种属性。有很多游戏玩家都会通过购买游戏角色来快速实现游戏装备升级和经验技能值的提升，从而跨过初级游戏，玩更有意思的高级游戏。

4. 游戏陪玩

游戏陪玩指玩家通过付费下单与指定陪玩人员共同玩游戏，游戏直播平台中，玩家可以付费和主播一起玩游戏。主播陪玩的时候，主播与粉丝的互动模式增多；而且主播的游戏技术相对比较高，玩家的游戏体验比较好，还可以和主播一起上镜，这提升了玩家的参与感。

5. 电商变现

很多游戏主播都有自己的淘宝店铺，在进行直播时都会对自己淘宝店铺中的产品进行宣传，一般是销售电脑以及电脑外设的配件，而游戏主机、游戏鼠标等几乎是所有游戏主播必推的产品。

6. 赛事解说

一线游戏主播大多获得过国际赛事的名次，作为电竞高手，除了在平台直播以外，他们还会参加一些线下活动，如一些职业联赛的解说活动、游戏运营商组织的线下活动等，从这些活动中获得一部分收入。

十四、视频直播衍生的盈利模式有哪些

视频直播除了我们大多数人都知道的打赏、带货等变现方法外，还有哪些是衍生的盈利模式呢？

1. 当网红和明星

对于主播来讲，其个人的成长与明星有很多相似的地方，他们其中有很多加入了经纪公司，经纪公司也会从主播中选出一些优秀、有潜力、容易走红的，将他们按照明星模式加以培养。为了捧红有潜力的主播，经纪公司也会花巨资进行打造，让他们参与影视剧的海选、制作、推广，参演娱乐节目等。有演唱实力的主播还可以在平台的扶植之下，出唱片、拍摄 MV（音乐短片），进军歌坛，有很多歌手就是在有网络人气的前提下签约唱片公司的。

2. 接代言

网红在赢得了大量粉丝、积累了一定的名气后，开始为产品代言，从而获得丰厚的代言费。以前的广告代言一般会找知名度非常高的明星或名人，随着网络的高度发展，网红已经成为众多网民追捧的对象，一些品牌抓住了这个机会，去找粉丝量大而且与用户相匹配的网红代言产品，效果也相当好。

3. 主持和商演活动

有的才艺主播，可以依靠自己的网络名气，接一些商业主持活动或者是婚礼司仪等来增加收入。网红还经常会受邀参演一些商业演出，据业内人士透露，普通网红出席商业活动或者参演影视剧的收入与三线明星相当，每次出场费 10 万元左右，头部网红则可能拿到百万元以上。

4. 线下零售变现

像很多明星都有自己线下的实体店铺一样，网红也有自己的品牌效应，当网红形成了自己的 IP、有了大量的粉丝之后，就可以通过开网红店来盈利。例如，户外旅游“直播 + 内容分享”模式不仅提高了景点及游乐场所的知名度，还打造了不少网红景点和网红餐厅。

5. 代运营账号

开通直播简单，但是要想打造一个成功的 IP，吸引大量的粉丝，并进行变现却不是一件简单的事情。当你成功运营过一些账号，有了丰富的运营经验，以及一些案例和数据能够证明你的能力时，就可以开展代运营工作了。在微信、微博等平台，或者是微信群、QQ 群等社群里面，发布你的成功经验，当其他人有代运营需求时，就能够找到你。因此，代运营账号是个很不错的变现途径。

十五、在线物理老师如何做到时薪过万

随着在线直播的持续发展，没有时间、空间的限制，通过在线授课就可以教学生，这种教育方式还是非常诱人的，很多优秀的教育工作者也开始加入在线教育的课堂中，甚至有位物理老师直播一节课就可以获得上万元的收入。那么，他是如何做到的呢？

1. 认真备课

由于线上直播课程的实时性较强，信息不确定性较大，要完成一节高质

量的在线课堂，并不是那么容易的。这位物理老师为了保证每节课的精彩效果，通常会花费非常大的精力来备课，尽可能把握好直播节奏。他会对直播课堂上的每个环节做预设，不断梳理讲课流程和内容，甚至对过渡语都反复琢磨。

2. 注重仪表仪容

由于是直播课，因此这位老师每次上课的时候都特别注意仪容干净、着装大方、直播的背景整洁，并注意调试直播角度和光线，确保直播达到最佳效果。

3. 课件简单清晰

有一些直播平台，并不支持播放 PPT 上那些酷炫的动画，因此主播在制作 PPT 的时候，一定要简单清晰，每页不宜有过多的文字，关键是字号要大，字体粗一些。这位物理老师使用的 PPT 课件简单明了、逻辑清晰，而且，每个知识点都会先用显眼的大标题呈现，然后在讲解的时候，再利用电子白板的功能进行手写，在课件上进行批注，补充一些详细的内容，帮助学生掌握课堂中的要点。

4. 抓住学生的注意力

和传统课堂教学相比，由于在线课堂师生不在一起，老师如何让学生集中注意力是一个相对比较难的问题。这位老师会通过有趣的学习内容吸引学生，每讲完一个知识点后，就推出小测试、思考题目、在线问答等，引导学生进行思考，让学生不断地参与到学习中，从而把握课堂节奏，使学生保持专注。

5. 恰当使用聊天区

直播课的聊天区，如果全程开放，有可能会导致一些没有专心听讲的学生在留言区里聊得火热，从而影响整个直播课的正常进行。这位老师会事先规定聊天区的使用规则，例如，刚开始上课讲新知识点的时候，会关闭聊天区，等到出题目练习时，再放开聊天区让学生输入答案，或者以回复“1”

表示已理解，回复“?”表示还有疑问。在保证课堂秩序的前提下，他时刻关注学生对知识点的掌握程度，再根据学生的反馈及时调整教学节奏。

6. 表现力和感染力强

表现力和感染力强的老师，能有效地活跃课堂气氛，使学生精神愉快、情绪饱满。很多优秀的老师，在线下课堂的时候，面对学生讲课时风趣幽默，效果非常好，但是，转移到了线上、面对着摄像头的时候，就感觉没有氛围。这位物理老师在线上课堂上，表现力和感染力很强，能够将晦涩的物理知识用浅显易懂的语言、有趣的教学案例展现出来，有效地抓住了学生的注意力，使师生之间的交流更加顺畅，学生在愉快、欢乐的课堂氛围中不知不觉地掌握了知识，获得家长的一致好评。

第八章

直播风险管控

一、如何预防视频直播的违规行为

视频直播是利用网络平台将直播间的现场情况直接真实地呈现在观众的面前，因网络平台的开放性和人员聚集性，如果内容监管乏力，就可能会有一些不可控的风险。因此，在进行直播前，一定要做好风险防范的相关工作。

1. 制定严格的管理措施

网络直播的进入门槛相对比较低，这也导致平台监管难度较大，直播队伍里面鱼龙混杂，有的主播甚至在直播间直播低俗、猎艳等色情内容。针对以上发生的现象，相关部门制定了严格的管理措施，整顿并规范网络直播平台，通过实名认证实现对直播人员的约束，针对出现的违法行为进行严厉的打击并依法严惩，同时建立完善关于网络直播平台的法律法规，保障网络平台信息的绿色传播。

例如，2016 年 4 月，20 多家包括花椒、新浪、百度等网络直播平台一起推行《北京网络直播行业自律公约》，承诺网络直播间必须标示水印，备查内容存储时间不少于 15 天，明确发起直播的主体和直播内容。该公约要求对主播进行实名认证、不准许给予未成年人注册通道、建立主播黑名单。该公约还严禁播出恐怖、暴力、淫秽等违禁内容。

2016 年 7 月，《文化部关于加强网络表演管理工作的通知》发布，明确规定主播责任，要求主播禁止违规表演，如有发现将关闭和停止直播，并要求主播对直播内容承担直接责任。

2. 对主播进行行为规范培训

主播在注册加入平台的时候，要学习平台制定的主播行为规范，了解相关直播平台的禁忌和不能发布的内容，然后才能成功开通直播。而且，在日常管理过程中，平台还会加强对主播的语言、形体、表演等方面的培训，引导其提供健康、积极、形式多样的直播内容。例如，抖音直播平台就明确规定，不允许有未成年人入镜，不允许饮酒卖酒，不允许长时间不出镜（5 分钟内），不允许口播淘宝店或其他店铺、微信号等。

3. 审核直播脚本

在进行直播前，直播团队一般都需要对直播内容进行策划，写出具体的脚本、主播的台词等，对于这些内容，一定要提前认真审查，看看是否出现了直播平台禁止出现的内容，是否出现了平台禁忌的词汇，防患于未然。如果脚本中出现了涉及政治、赌博、暴力、色情等违禁内容，必须予以删除或替换。

4. 直播前的物品检查

在直播前，对企业准备的物料也要进行详细检查，包括背景板、贴图、玩偶、吉祥物等，防止出现一些涉及版权保护的物料。另外，还要对直播期间出现的商品进行认真检查和试用，以免出现假冒伪劣商品。2017 年 5 月，《国务院办公厅关于印发 2017 年全国打击侵犯知识产权和制售假冒伪劣商品工作要点》提到，要加大互联网领域侵权假冒治理力度，强化网上交易管理。

二、做视频直播不可触碰的红线

直播行业在迅猛发展的同时，也带来了很多遭人诟病的问题，直播运营者在进行直播运营时一定要注意避免触犯相应的忌讳，否则会得不偿失。那么，做视频直播不可触碰的红线是什么呢？下面进行简单介绍。

1. 直播敏感话题

什么是敏感话题？凡涉及政治、种族歧视之类的话题都被称为敏感话题。网络直播不能轻易涉及国家政治内容，因为国家具有权威性和严肃性，不容许任何人以任何形式来亵渎。官方对于这一点是非常重视的，一旦发现就很有可能立即关闭直播间，严重的还会封号。因此，主播一定要注意，在直播间聊天的时候，不要涉及这类敏感话题。

2. 出现违禁商品

直播平台规定，一些违禁商品是不能出现在直播中的，包括易燃易爆物品，管制刀具及各类攻击性器械如刀具、枪、弹弓、飞镖等，违法药品和野生动物等，一旦出现，将会导致非常严重的后果。

3. 直播内容低俗

暴力、色情等低俗的内容比较容易吸引大众的眼球，部分主播为了在短时间内迅速吸引粉丝，获得更多的收益，经常会在“灰色地带”游离。例如，编撰一些洗脑低俗的歌曲，并配上夸张的肢体动作和粗俗的语言来吸引观众等，这种行为不仅会导致自己的账号被封，还会给观众和直播平台带来非常不好的影响。因此，直播间主播的穿戴一定要大方得体，不要有色情或者暴露的镜头，更不要故意播放一些低俗的内容。

4. 出售假冒伪劣商品

在网红直播带货创造了一个又一个销售奇迹的同时，不少非法分子也从中看到了“商机”，隔着一道屏幕，通过滤镜的包装，他们公然销售假冒伪劣产品，销售“三无”产品欺骗广大消费者，将成本低廉的产品高价售出，从中牟取暴利。因此，主播在直播间带货的时候，一定要提前验货，亲自检测产品的功能和品质，直播中出现的产品一定是质量过关的产品，千万不要推广假冒伪劣产品。

5. 直播诈骗

由于直播迅速发展，形式多样，在各项制度规范还没有完善之前，就有不法分子钻网络直播的空子，在网上进行诈骗。有这样一个案例，某位主播在直播间为一个“介绍兼职”的团队招募兼职，实际上，这是一个以“兼职”为名发展下线骗取入会费的诈骗团伙。而该主播也由于虚构事实、诈骗他人财物，数额巨大，触犯我国刑法，以诈骗罪被追究了刑事责任。

6. 违背伦理道德的内容

直播行业的门槛相对较低，因此，主播的素质也是良莠不齐。有的主播为了求新求奇，追求播放量，会故意做出一些违反社会伦理道德的行为来吸引大众的注意。这些行为一般都存在极大的风险，一旦得到广泛传播，不仅会影响个人的发展和平台的口碑，而且不利于我国精神文明的建设。所以，主播一定不能这样做，会得不偿失的。

7. 不尊重知识产权

在直播的内容中，如果没有经过创作者允许就进行转载和运用，就会存在触犯著作权的问题。主播在直播的过程中，一定要重视这个问题，尤其是知识类直播，一定要使用原创内容。

8. 偷税漏税

随着直播行业持续稳步发展，人气火爆的主播月薪上万非常普遍。既然很多主播收入不菲，就不可避免地涉及个人所得税的缴纳问题。然而直播平台本身有着不同于线下实体企业的特性，主播的收入来源也是多样化，有广告收入、带货收入等，这些都为其个人所得税的缴纳带来了不确定性，更容易让主播寻找到逃税的漏洞。如果主播逃税，不仅是对其自身，而且对整个直播行业都会造成极其恶劣的影响。因此，主播一定要有依法按时按量缴税的自觉性，不能偷税漏税。

三、直播时应避免踩到的“雷区”

直播平台一般都会详细地介绍直播时应避免的各类事项，不同平台的规定略有不同，但是以下所列的这些事项几乎所有的平台都不允许出现。

1. 直播违规服饰

主播严禁穿着低俗暴露的服装，女性严禁穿大尺度裸露背部、裸露内衣的衣服，下摆高于臀下线的短裙或短裤。男性严禁赤裸上身或仅穿内裤。严禁穿情趣制服、情趣内衣、透视装、肉色紧身衣、内衣外穿、半截抹胸、渔网袜、吊带袜、三角短裤或呈现三角状短裤、低腰超短裤、有性暗示文字或图片的服装等。严禁穿着带有中华人民共和国国家机关人员、军队的工作制服进行直播，包括警服、军服、工商制服、检察院制服、法院制服、城管制服、路政制服等。

2. 直播违规场景

禁止出现儿童半裸，婴儿裸体换尿布、喂奶或其他诸如抽烟、血腥暴力等场景。

3. 不宜播放的内容

不宜播放新闻、游戏、电影、电视剧、综艺节目、动漫、体育赛事或境外节目等未经版权许可的内容，一边卖货一边播电视内容也不可以。

4. 直播违规行为

严禁进行具有挑逗性质的表演或行为，例如表演脱衣舞等。商品展示不规范，如内衣穿在真人身上示范等。

5. 空镜头、挂机

直播中一直不播放实际内容，出现挂机行为（各种空镜头形式）。

6. 直播违禁言论

严禁讨论与国家主旋律相悖的政治话题；严禁播放带有色情、性暗示的音乐、影视等；严禁播放国家明令禁止的影音、歌曲；严禁刻意发表低俗涉黄言论，引导场内低俗互动；严禁损害革命领袖、烈士英雄形象；严禁恶搞文艺经典等。

四、做视频直播时容易忽视的违规行为

在做视频直播的时候，如果发生违规行为，轻则被处罚，重则被封号。

那么，都有哪些违规行为是主播平时没有注意到的呢？

1. 主播夸大和虚假宣传

直播带货确实能够带来较高的经济效益，但是由直播带货导致的货不对板、售后问题也频频发生。主播夸大其词、假货太多、鱼龙混杂、货不对板等都是消费者对商品质量方面的集中反馈。

2. 数据造假

对于直播平台来说，用户和流量意味着变现能力的高低。对于商家来说，粉丝多、自带流量大的主播具有强大的商业变现能力。因此，一些直播平台的热门主播会由团队或者经纪公司进行运作，通过刷流量来取得漂亮的数据，从而获取经济利益。

3. 谈论引争议话题

一个直播间就是一个小媒体，在直播间不能谈论地域歧视、民族歧视、人身攻击等容易引发争议的相关内容。另外，国际形势、军事问题等都不要随意谈论，因为无论你支持哪一方，都会得罪另一方，其结果都可能会被放大，从而造成不良的社会影响。

4. 做出一些危险的行为

有的主播为了吸引粉丝的关注，有意去做一些非常危险的行为，例如，在没有什么保护措施的前提下去攀爬高楼，非专业人员演绎危险游戏等，有的危险行为甚至会危及生命，酿成重大事故。大家一定要提高警惕，生命可贵，安全第一，拒绝危险。

5. 违反社会文明道德的行为

这样的行为一般是出现在室外直播的时候，主播一定要遵守社会文明，不做违反社会公共道德、扰乱社会秩序等不良举止行为。例如，在路上吸烟、乱扔烟头、随地吐痰、随处吐口香糖、说脏话粗话、践踏花草和破坏绿化、侵占或故意损坏公物等行为都要坚决制止。

五、淘宝直播间常见的违规营销现象

淘宝直播是淘宝网上重要的内容营销渠道之一，其流量非常大，转化率也相当高。在直播间进行营销时，主播一定要遵循淘宝网的一些原则，不能违规操作。

1. 引导消费者线下交易

由于线下交易和非淘宝平台交易无法保证消费者的售后权益，这会对消费者资金安全造成重大隐患，消费者一旦发现假货或者出现不满意的情况，维权困难重重，因此淘宝直播不允许主播引导消费者到线下或者其他平台交易。例如，在直播间展示或通过口播等方式展示外部链接或二维码，引导通过微信、支付宝、银行卡或其他方式转账进行私下交易，这些做法是违规的。

2. 与淘宝店铺基本的保障规则相冲突

在淘宝直播间销售的商品，实际上还是淘宝网站的商品，如果是支持七天无理由退换货的商品，就应该按照淘宝平台的消费者保障规则执行，主播不能在直播间声明商品不退不换。

3. 设置直播间专拍链接

对淘宝直播间的推广内容和商品，需与实际售出商品信息保持一致，不得提供虚假商品、虚假价格等诱导消费者；拍 A 发 B 是不允许的，也不允许放置没有清晰描述的宝贝链接、专拍链接、福袋链接等。

4. 利用恶意手段干扰直播间正常秩序

在直播间，未经消费者允许，不得通过恶意手段擅自将商品添加至购物车，这种行为会严重影响消费者体验或严重干扰同行正常经营。

5. 发布垃圾广告

在直播间，不得通过机器或者是软件等非正常手段，大量发布广告信息和评论内容，干扰消费者的判断。

6. 违背承诺

主播在直播间给消费者的承诺不能违背，例如，主播承诺消费者参加互动活动之后会发送赠品，但是消费者参与活动之后却没有收到赠品，而且主播还拒绝补发。这种违背承诺的行为千万不能有。

六、直播带货，要承担的责任有哪些

电商直播行业逆势崛起，越来越多的企业和个人加入直播带货的行列，尝到了直播电商的红利。然而，近期，中国消费者协会在北京发布的《直播电商购物消费者满意度在线调查报告》显示，电商直播购物存在的多项问题也不容忽视。调查报告显示，有37.3%的受访消费者在直播购物中遇到过消费问题。例如：消费者容易受到直播氛围影响而冲动购物；由于信息不对称，消费者被夸大宣传或虚假信息误导，购买到假冒伪劣商品或“三无”商品，售后服务难保障等问题。那么，线上交易过程中各方主体该承担怎样的责任和义务呢？

1. 直播带货要遵守广告法

直播带货是一种将直播和电商结合的全新零售方式，是指主播通过直播的方式，运用语言、展示、试用等手段向消费者推荐商品或者服务，并提供购买链接。直播带货可以帮助消费者提升消费体验，属于在网络直播平台进行的商业广告行为，要遵守广告法的规范。

中国法学会消费者权益保护法研究会专家表示：如果主播明知或应知存在虚假宣传仍推荐商品或服务，造成消费者权益受损的，应当与销售商家承担连带责任；如果是关系到消费者生命健康的虚假广告，导致消费者权益受损的，广告代言人即使不知情也应当承担连带责任。

2. 主播故意售假或被追刑责

自2019年11月1日起施行的《最高人民法院 最高人民检察院关于办理

非法利用信息网络、帮助信息网络犯罪活动等刑事案件适用法律若干问题的解释》提到，提供“信息发布、搜索引擎、即时通讯、网络支付、网络预约、网络购物、网络游戏、网络直播、网站建设、安全防护、广告推广、应用商店等信息网络应用服务”的单位和个人被认定为“网络服务提供者”。网络服务提供者应履行信息网络安全管理义务，网络服务提供者没有尽到这些义务，就有可能需要承担行政责任，甚至可能构成刑事犯罪。

3. 直播平台承担连带责任

网络直播平台应对主播加强监管，可以通过收取保证金、罚款、停播、封号等措施对主播加强约束，完善审核、考核机制，进一步完善消费领域信用体系的建设。

《中华人民共和国电子商务法》第三十八条规定，电子商务平台经营者知道或者应当知道平台内经营者销售的商品或者提供的服务不符合保障人身、财产安全的要求，或者有其他侵害消费者合法权益行为，未采取必要措施的，依法与该平台内经营者承担连带责任。对关系消费者生命健康的商品或者服务，电子商务平台经营者对平台内经营者的资质资格未尽到审核义务，或者对消费者未尽到安全保障义务，造成消费损害的，依法承担相应的责任。

七、如何使用技术手段实时监控、预警

在直播行业快速发展带来可观成绩的同时，乱象丛生、监管缺位等隐患仍然存在，不少平台为了加强内部监管，都使用了技术手段进行检测、预警。

1. 使用房管机制

对于直播间来说，因为弹幕的即时性，主播一方面要与粉丝进行互动，同时还要操作电脑、手机等设备，很难兼顾管理。所以，主播在进行直播前，可以任命一些“房间管理员”，明确其相应职责，让他们具有禁言、踢出的权限，一旦发现有人发的弹幕内容低俗、过度娱乐化、不符合社会主流道德观等，即可对其进行账号锁定。对于情节严重的，可以将其发言截图保存，移交公安机关处理，从而保证直播时的弹幕信息是健康的、合规的。

2. 运用人工智能审核技术

对于直播平台来讲，直播内容非常多，要想在海量内容中及时审查可疑内容并禁播，难度是相当大的。不少技术厂商陆续推出智能音视频鉴黄方案，借助人工智能技术，实时自动检测内容的合法性，一旦出现违规内容则立即关停。例如，国内知名云计算公司 UCloud 早在 2016 年就上线了云直播 ULive 鉴黄服务，提供整套自动化鉴黄审计功能和秒级禁播功能，能够对网络上日益复杂的涉黄等违规内容进行高效率自动智能识别，并进行实时截屏生成图片。

各大直播平台都已经在内容监控方面积极行动，并且获得了不同程度的成功。例如，虎牙直播率先启动了全媒体内容检测，利用 AI 技术，从智能关键词、模糊匹配、语音特征识别、视频流分析等多方面入手，帮助直播平台第一时间发现“灰色直播”内容。YY 直播，则把 YY 人工智能技术的审核功能应用于色情低俗识别、暴恐识别、人物属性识别、画面质量识别、版权和商标识别等领域。

3. 使用人工审核系统

为了更好地识别出平台的违规内容，有的直播平台还构建了内容审核团队及人工审核系统，对内容进行把关。审核人员对平台上的直播内容进行 24 小时实时监管。例如，快手直播平台配备了“7×24 小时”全职内容评级团队，对内容进行审核，并设置用户“一键举报”功能，以便及时有效地发现违法有害信息，并做出处理。

4. 上线“青少年模式”

目前，国内大多数网络直播和视频平台都上线了“青少年模式”，注重功能限制和专属内容建设。在该模式下关闭站内搜索、弹幕评论、内容分享、私信聊天、拍摄发布、充值打赏等功能，仅推荐适合青少年观看的内容，确保“青少年模式”下的内容池更健康、更有益。这样，可以避免心理不够成熟的青少年观众受到恶意直播内容的影响，更好地对广大青少年进行保护。

八、远离视频直播的隐性规则

视频直播，不触犯法律法规以及平台规则是基本原则，但是在直播中，还存在一些“隐性规则”，触犯了它们，虽然不会被扣分或者是被封号，但是可能会让直播效果越来越差、流量越来越少。

1. 随意更换主播

主播各有特色，很多粉丝都是由于认可和欣赏某位主播才关注这个直播间的。如果一名主播积累了不少的忠实粉丝，突然换成另外一名主播，即使主播的风格和水平差不多，也不可避免地会流失一部分流量。

2. 直播定位混乱

如果不是大主播，最好不要乱换直播间的风格、定位和方向。电商直播不要播多种类目的产品，这样在直播平台的算法中，会导致直播标签混乱、推送直播人群不精准，平台给予的流量自然会下滑。同时，对于消费者来说，混杂的产品导致消费者对直播的体验感很差，以及对主播的专业度产生质疑，最终导致粉丝忠诚度也不高。

3. 直播时长不够

在直播平台的算法中，长时间不直播或者直播时间太短的直播间的流量会受到限制，系统会自动把这些直播间认定为效果差的直播间。因此，即使主播的粉丝数量不多，也要让直播的时长足够。

4. 直播时间不固定

主播最好确定一个时间段进行直播，这样容易让观众形成观看习惯，经过一段时间的积累，就会有自己的粉丝。如果主播经常更换直播的时间段，则会使粉丝不习惯，或者没有时间去观看，从而造成粉丝的流动性大。

5. 直播内容缺乏创新

在网络直播平台上，同质内容越来越多，只有时刻保持学习的心态，在符合自己人设和风格的前提下，经常创新，不断提供有价值的、专业的、原创性的内容，打造视频直播独树一帜的内容，才能在竞争日益激烈的平台上脱颖而出。

6. 外界因素影响直播

直播也是一项值得尊重的工作，主播要对自己的工作、对观众负责，在直播期间，尽量不要受到外界因素的影响，如调麦、调视频、孩子突然吵闹、客人突然来访等，这些都会在一定程度上影响直播质量。主播应该在直播前就做好这些准备，调好麦和视频，避免出现什么意外情况。自己的孩子提前找人照看一下，如果遇到客人来访等情况，可以让其他人接待一下，自己的直播时间要确定下来，这一段时间就是上班时间，主播要认真对待。